もくじ

春 ドキドキ♡はじまりの季節
スタートダッシュでまわりと差をつける！

📖 **4月のマンガ** ･････････････････････････････････ 010
[おしゃれ] 春コーデは"なりたい"イメージを意識しよう！･････ 012
[マナー] 友だちづくりはスタートダッシュ作戦で！･････････ 020
[文字] 相手に喜ばれるプロフ帳の書き方をマスターしよう！･･･ 030
[イベント] 楽しいイースターパーティーで盛り上がろう♪･････ 032

📖 **5月のマンガ** ･････････････････････････････････ 042
[マナー] 「また来てね」って言ってもらえるお呼ばれマナー･･･ 044
[手づくり] かわいい＆おしゃれ ファッション小物を手づくりしよう！･･ 048
[文字] かわいいお手紙はデコ文字＆イラストでつくれる！･･･ 052
[おしゃれ] 動きやすさばつぐんのスニーカーコーデに挑戦しよう！･･ 056
[手づくり] センスＵＰ!? 図工でほめられるテクをマスター！･･･ 058

📖 **6月のマンガ** ･････････････････････････････････ 066
[イベント] これでカンペキ！ ハッピー修学旅行持ちものカタログ･･ 068
[おしゃれ] じめじめの梅雨は雨の日ファッションでハッピーにすごそ♪ ･･ 076
[ビューティー] 髪の悩みは正しいヘアケアでまるっと解決！･････ 078
[イベント] 友だちの誕生日パーティーを盛り上げよう！･････ 084

夏 ワクワク☆お楽しみの季節
夏休みを120％楽しむためのテク♡

📖 **7月のマンガ** ･････････････････････････････････ 092
[おしゃれ] 夏コーデは主役アイテムを決めよう！･････････ 094
[ビューティー] エクササイズでスラッとボディをＧＥＴしよう！･･ 100
[文字] テストもバッチリ！ ノートの取り方をマスターしよう！･･ 110
[ビューティー] 正しい日焼け対策で美肌をキープ！･･････････ 114

8月のマンガ ……… 122

- おしゃれ シーンに合わせてイベントコーデを考えてみよう！……… 124
- おしゃれ 夏をも〜〜っと楽しむイベント別ヘアアレ7連発!! ……… 128
- 手づくり 身近なものでDIY♪ 自由工作に挑戦しよう！ ……… 134
- 手づくり 夏にぴったり★ ひんやりスイーツを手づくりしよう！……… 140
- ビューティー 夏休みに挑戦！ サマーネイルで指先までおしゃれに♥ ……… 148
- ビューティー 特別な日のプチメイクではなやかさUP!! ……… 154
- イベント 夏のお楽しみ♥ 肝試しパーティーでひんやりしよう！……… 158

秋 キラキラ☆イベントの季節
学校行事で注目度UP⤴⤴

9月のマンガ ……… 166

- おしゃれ 夏→秋コーデは色の使い方がポイント！……… 168
- おしゃれ 印象が変わる前髪イメチェンテクニック ……… 172
- 手づくり 手づくりでカンタン！ かわいいお弁当にしちゃおう！……… 174
- ビューティー うっかり日焼けは早めのケアでなかったことに⁉ ……… 178
- 文字 感謝の気持ちを伝えるメッセージカードを手づくりしよう！… 180

10月のマンガ ……… 186

- おしゃれ 手持ちアイテムを上手に着まわししてみよう！ ……… 188
- おしゃれ 秋のイベントはカンタンヘアアレでかわいく♥ ……… 192
- イベント 運動会の必勝テクニック7連発!! ……… 196
- イベント ぷち仮装でハロウィーンパーティーを盛り上げよう！……… 202

11月のマンガ ……… 212

- 文字 勉強したことをキレイな新聞にまとめよう！ ……… 214
- ビューティー 乾燥を防ぐ保湿ケアを覚えよう！ ……… 218
- 手づくり もらってうれしい手づくりプレゼントアイデアレシピ ……… 222

トキメキ♡胸きゅんの季節
冬 恋も♥冬イベも！よくばって楽しむ♪

📖 12月のマンガ ……………… 232
- おしゃれ アウター別 冬の正解コーデはこれでカンペキ！……… 234
- イベント めざせ金賞♪ 上手に合唱するコツを覚えよう！……… 238
- イベント 冬休みは手づくりクリパで盛り上がろう！……… 242
- ビューティー 冬休みに挑戦！ きゅんかわネイルテクニック……… 248
- 文字 年賀状で新年のあいさつをしよう！……… 250

📖 1月のマンガ ……………… 258
- マナー お年玉のマナーと活用法を覚えよう！……… 260
- 文字 スケジュール帳はかわいく見やすく記入しよう！……… 264
- おしゃれ 初もうでは着物を着て出かけよう！……… 268
- ビューティー 冬のうちに冬太りを解消するテク……… 270
- おしゃれ マフラーをおしゃれに巻いてまわりに差をつけよう♥……… 274

📖 2月のマンガ ……………… 282
- 手づくり カンタンかわいい♥ 友チョコ＆恋チョコレシピ集……… 284
- おしゃれ アイテム別！ ガーリーヘアアレテクニック……… 288

📖 3月のマンガ ……………… 298
- おしゃれ 冬→春へ スイッチコーデのポイントをチェック！……… 300
- おしゃれ 大人かわいい卒服コーデを大・公・開♥……… 302
- おしゃれ 卒業式におすすめ 優等生ヘアアレはこれで決まり！……… 306
- 文字 見ていて楽しいめちゃかわ文集のテクをマスター！……… 310
- イベント 先パイたちを笑顔で見送るアイデア集……… 314

女子力UP♪レッスン

1. ケアポーチを持ち歩こう …………………………… 018
2. 食事のマナーを覚えよう …………………………… 026
3. ヘアアレの基本テクをマスターしよう …………… 036
4. おしゃれの基本を覚えよう ………………………… 062
5. お楽しみ♪ 心理テスト …………………………… 072
6. くずれたヘアアレお直しテク ……………………… 082
7. ハッピー！ パーティーゲーム …………………… 088
8. ショート向けヘアアレ術 …………………………… 106
9. お顔の悩みをズバッと解決！ ……………………… 118
10. スマホマナーを見直そう …………………………… 144
11. 生理と上手につき合おう …………………………… 162
12. コツをおさえて自撮りをマスターしちゃおう …… 184
13. お出かけマナーを確認しよう ……………………… 200
14. 知っておきたいカラダのクリニック ……………… 208
15. 知っておきたいココロのクリニック ……………… 228
16. おしゃれトラブルにご用心！ ……………………… 254
17. タロットカードで一年の運勢をチェック ………… 278
18. 血液型別恋愛うらない ……………………………… 292

マンガ 登場人物紹介

一条ありさ

元気いっぱいで運動が得意☆ 恋やおしゃれにはちょっぴり鈍感。

二見うた

ありさの幼なじみで心友。恋バナとかわいいものが大好き♡

三宅しずく

ありさのクラスの転校生。大人っぽくておしゃれにくわしい。

二見ガク

うたの双子の兄。幼なじみのありさとは口ゲンカも多いけど…!?

四宮ソウマ

ありさのクラスメイト。ガクとは同じバスケクラブで、仲がいい。

この本の ハッピーポイント

『365DAYS かわいさアップ&ハッピーイベントBOOK』には、超役立つ&楽しく読めちゃう工夫がい〜〜〜っぱい詰まっているよ♪

POINT 1 一年を楽しくすごすテクニックが満載！

おしゃれ　手づくり　ビューティー　イベント　文字　マナー

この本の最大の特徴は、4月〜3月の月ごとに、役立つ情報がた〜っぷりつまっていること！ コレ1冊で365日どんなシーンも楽しくすごせるはず♡ 紹介する内容は、おしゃれ、ビューティー、イベント、手づくり、マナー、文字の6つのカテゴリに分けているよ☆

POINT 2 女子力をUP⤴⤴する情報がぎっしり♡

「ヘアアレ基本テク」や「心理テスト」など、シーズンに関係なく必要な情報は、女子力UPレッスンのコラムでバッチリ解説！ どこから読みはじめればいいか迷っちゃったコは、コラムから読みはじめるのもおすすめ♪

POINT 3 毎日チャレンジ！おみくじ

右側のページの右はしには、おみくじがついているの！ 毎朝この本をパッと開いて、今日の運勢をチェックしよう☆

ラッキー★友だちとおそろのアイテムを持

POINT 4 みんなに話せるぷちネタ！

「4月の誕生石って?」「ランドセルの語源は?」…etc. 左側のページの下に、みんなに話したくなるぷちネタがいっぱい。

4月のプチ情報
4月は英語でApril（エイプリル）！ 春を司る、愛と美の女神・アプロ

POINT 5 読み応えありすぎ！ JSまんが

主人公・ありさたちの活やくを収録した、恋と友情のトキメキまんがが…♥ ミニまんがも合わせると、なんと40ページものっているよ！ 5人がどんな一年間を送るか、ぜひチェックしてね♪

春コーデは "なりたい" イメージを意識しよう!

いよいよ新学期。あなたはまわりからどんなコって思われたい?
自分が "なりたい" イメージに合ったコーデを選んでみよう☆

Q あなたはどんな風に見られたい?

チェック1
- □ 「かわいい」って言われるとうれしい!
- □ 色はピンクやラベンダーが好き!
- □ リボンやフリルにときめいちゃう♡
- □ 好きな動物はうさぎやハムスター。
- □ 遊ぶときは、家の中が好き派!

チェック2
- □ 「やさしい」ってほめられることが多い!
- □ モノトーンの服を買いがち
- □ 柄ものより、無地のものが好き♡
- □ アクセサリーを集めるのがしゅみ。
- □ 読書したり映画を見るのが好き!

チェック3
- □ 「元気だね!」ってよく言われる。
- □ ビタミンカラーにきゅんとする♡
- □ 好きな柄は水玉や星!
- □ 冬よりもダンゼン夏派です☆
- □ 外で遊ぶのが好き!

チェック4
- □ 「大人っぽい」って言われたい!
- □ 黒やむらさきにときめく♡
- □ ほかのコと同じはイヤ!
- □ チョーカーやイヤリングをつけがち。
- □ トレンドは研究してます☆

チェック5
- □ 「おもしろいコ」って言われたことがある。
- □ 校則がちょっと厳しめ……。
- □ デニム素材の服が好き!
- □ アクセサリーはつけない派。
- □ 動きやすさが大事だと思う!

- ≫ チェック1 が多かったコは13ページへ
- ≫ チェック2 が多かったコは14ページへ
- ≫ チェック3 が多かったコは15ページへ
- ≫ チェック4 が多かったコは16ページへ
- ≫ チェック5 が多かったコは17ページへ

4月のプチ情報
4月の和風月名は卯月(うづき)。卯の花とも呼ばれる「ウツギ」が咲く月という意味だよ。

チェック1が多かったコは
ラブリー系

"キレイ"より"かわいい"って言われたいあなたにイチオシのコーデを紹介。フリルやリボンなど、キュートなモチーフや色みを盛りこもう♡

パステル×ホワイトでドーリーな仕上がり

POINT
ノースリワンピは、白ブラウスと好相性！白のニーハイで乙女度UP♡

Spring
春
4月
コーデ♪

さわやかな白×グリーンのフレッシュなコーデ♪

ふんわりスカートを主役に正統派ガーリーで春満開！

POINT
ブラウス×カーデって最強！上品コーデをとことん甘く仕上げて♡

POINT
えりのフリルがかわいいトップスに、春色のグリーンを合わせたよ♪

ラッキー★ 友だちとおそろのアイテムを持つと、仲よくなれるよ♪

♥イチオシアイテム♥

カチューシャ
でっかいリボンで目立っちゃおう！コーデが一気にかわいくなるよ♡

ブラウス
フリルがついたブラウスは、ちょっぴり大人っぽく着こなそう♪

プリーツスカート
どんなトップスにも合わせやすい！歩くたびにひらひらゆれるの☆

チェック2 が多かったコは

せいそ系

ガーリーなアイテムも好きだけど、大人っぽい雰囲気も好き♡　そんなよくばりさんは、せいそ系を目指そう♪　白を基調にまとめるのがコツ！

春にぴったりな白×パステルにきゅん

POINT
やわらかなパステルカラーは春にぴったり♡　お嬢ライクにまとめて！

甘カジコーデをレースでレディに格上げ♪

クラシカルワンピでグッと大人っぽい春…♡

POINT
クラシカルな黒のワンピースが主役。大きめリボンでかわいさUP⤴

POINT
グレージュのロングスカートに、レースのガウンを合わせたよ♪

♡イチオシアイテム♡

ヘアバンド
ハーフアップや、ゆるめのみつあみなど、ヘアアレのアクセントに！

イヤリング
小ぶりのイヤリングは、上品に見せられるの。お花モチーフがかわいい。

ガウン
コーデにプラスすると、レディに決まる！　レースガウンがイチオシ。

4月のプチ情報
4月は英語でApril（エイプリル）！　春を司る、愛と美の女神・アプロディテの名が語源という説も！

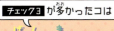

元気系

が多かったコは

パワフル&アクティブなあなたは、コーデも元気系がイチオシだよ☆ 明るいビビッドカラーや柄もののアイテムを取り入れるのがポイント！

POINT
明るいグリーンのワンピースに、むらさきのでかリュックをセット！

ボロワンピはラフに着こなすのが正解！

Spring 春 4月 コーデ♪

ソックス&スニーカーもカラフルで気分上々

元気っコ目指すならビタミンカラーは外せないっ

いい日★思いがけない場所で好きなコと会えちゃいそう♪

POINT
デニムサロペで元気いっぱい☆レインボーなソックスもかわいい！

POINT
ビビッドなパーカは、モノトーンショーパンを合わせるとバランス◎。

♡イチオシアイテム♡

キャップ
スポーティーなキャップは、元気系コーデのマストアイテムだよ☆

リュック
小さめだとほんわかした雰囲気になるから、大きめのものを選ぼう！

スニーカー
スニーカーにあざやかな色をもってくれば、コーデが即効元気系に！

15

チェック4が多かったコは

オトナ系

あなたは、まわりのコよりちょっぴり大人びているみたい。少し背伸びしたエッジィな服で、カッコいい＆セクシー路線をねらっちゃおう☆

大人カジュアルコーデにクラッチバッグがアクセント☆

POINT
おハデな赤のトップスを、ネイビーカラーで引きしめて着こなそう！

肩の肌見せでガーリーとセクシーのいいとこどり！

とことんエッジィにまとめてまわりの視線をクギヅケに！

POINT
カッコいいってほめられちゃう！MA-1には細身のデニムが大正解☆

POINT
トップスINで足長見せがかなうよ。モノトーンのボトムスが大人っぽ！

♥イチオシアイテム♥

レースチョーカー
ぴったりサイズのチョーカーがおしゃれ。首もとまでぬかりなく、ね！

クラッチバッグ
モノトーンなら、どんなコーデにもマッチして、使いやすいよ♪

ブルゾン
定番は、カーキのブルゾン。コーデがミリタリー風にまとまるの☆

4月のプチ情報
3月21日〜4月19日生まれのコはおひつじ座。すなお＆正直な性格で、情熱家タイプのコが多いよ。

チェック5 が多かったコは

スクール系

おしゃれのことを考えるより、みんなとワイワイするのが好きなあなたは、スクール系コーデがぴったり！校則が厳しいコにもおすすめだよ♪

POINT
ほっそりデニムサロペにボーダー柄トップスを合わせたカジュコーデ！

サロペはロールアップするとこなれ感をGETできるよ★

キャミレイヤードでラフコーデもおしゃれ度UP

Spring 春 4月 コーデ

イイコちゃん風コーデなら先生にもほめられちゃう!?

POINT
ギンガムチェック×デニムは、春の定番の組み合わせだよね♪

POINT
ネイビーのベストと白シャツで、優等生風プレッピーコーデに！

ラッキー★ ほかのクラスのコから告白されちゃうかも♥

♥ イチオシアイテム ♥

スニーカー
キャンバス地のスニーカーは、ほどよくカジュアルに決まるのが◎。

パッチンピン
シンプルなヘアアレも、カラフルなパッチンピンでとめれば、はなやかに。

ワッペン
デニムパンツやリュックにつけて、さりげないおしゃれを楽しもう♪

女子力UPレッスン 1 ケアポーチを持ち歩こう

ケアポを持ち歩くのは女のコのたしなみ♥

ハンカチやティッシュ、コーム、ミラーなどなど……。毎日持ち歩きたいアイテムは、ポーチに入れてまとめておこう！　必要なものがサッと取り出せるし、ひとまとめにすることで、バッグの中で散らばらなくなるよ♪　早速お気に入りのポーチを用意しよう！

ケアポーチ＝ケアポって言うんだって♪

JSに聞きました！ どんなケアポ使ってる？

JSのみんなのトレンドケアポをチェックしたよ☆

1位 シンプルなポーチ

ノーブランドのポーチを使っているコが多いみたい。ボーダー柄が人気だよ！

2位 キャラクターもの

「大好きなキャラのアイテムを持ち歩きたい」って思っているコが多いみたい☆

3位 ブランドもの

お洋服を買ったときに、ノベルティでもらったポーチを使っているコが多かったよ。

（編集部調べ）

4月のプチ情報　4月の誕生石はダイヤモンド。石言葉は「清浄無垢」だよ。持っていると幸運を呼ぶパワーがあるんだって！

デキるJSの ケアポーチ大公開！

ハンカチ
絶対持ち歩きたいアイテムその1。手を洗ったときや、汗をふくときに使おうね♪

ティッシュ
絶対持ち歩きたいアイテムその2。ティッシュケースに入れるとさらにGOOD☆

ばんそうこう
自分だけじゃなく、友だちがケガをしちゃったときに、サッとわたせるとステキだね♪

ミニコーム
折りたたみ式のコームが人気だよ！　ヘアスタイルをお直しするときに使おう♪

ミラー
小さなミラーをポーチに入れておけば、髪や顔を軽くチェックしたいときに便利だよ！

ヘアピン
ヘアアレがくずれたときや、前髪をまとめたいときに、アメピンがあると便利なの！

リップクリーム
とくに、乾燥が気になる冬はマスト！　薬用で、色がついていないものがおすすめだよ。

ハンドクリーム
これも、乾燥が気になる季節の必需品だね。お気に入りの香りのものを選ぼう！

ヘアゴム
小さなシリコンゴムがおすすめ。どんなアレンジにも活用できるスグレモノだよ♪

> まあまあ★ 悩みごとは先生や友だちに相談してみてね♪

友だちづくりはスタートダッシュ作戦で!

ドキドキのクラス替え。一年間友だちと楽しくすごすために、心がけたい7つのテクを教えちゃうよ☆

テク1 笑顔はみんなをハッピーにするよ♪

ニコニコしているコとはいっしょにいたくなる!

ニコニコしているコと、不機嫌そうにしているコ、どちらといっしょにいたいと思う? つまらなそうな顔をしているコのそばにいると、こちらまで気持ちが沈んでしまうもの。反対に、笑顔のコといると元気をもらえるよね。自分の話を笑顔で楽しそうに聞いてもらえるコとは、「もっと話したい!」と思うはず。できるだけ笑顔を心がけていれば、自然とまわりに人が集まってくるよ♪

POINT 口角を上げておこう!

友だちと接するときは、口角を意識してみよう! 口の端を少し上げるだけで、楽しそうに見えるんだよ。

4月のプチ情報
4月の誕生花は桜。「ゆうびな女性」などの花言葉があるよ。

テク2 清潔感が第一印象を決める！

お風呂に入る、洗濯するなど基本的なことをしっかりと！

これは、第一印象を"悪くしない"ためのテク。笑顔やおしゃれをいくらがんばっても、髪がボサボサだったり、服が汚かったりしたら、まわりからの印象はサイアクに……。毎日お風呂に入る、きちんとシワを伸ばした服を着るなど、基本的なことをしっかりチェックしよう！

Spring 春 4月

友だちづくり

ブルー★なんだかやる気が出ない一日。深呼吸してみてね♪

TALK ROOM ♥

うた: えへへ。じつは今日、自分でアイロンがけしてみた服を着るの！

ありさ: えー、うたすごい！　わたしもお母さんにかけ方を教えてもらおうかな♪

POINT

外出前にチェックするところは？

毎日出かける前に、右のリストの項目をチェックする習慣をつけよう！　そのために、朝は余裕をもって準備することが大切。寝坊して、チェックできなかった……なんてことにならないようにしようね！

当たり前のことばかりだけど、きちんとチェックしないとだねっ

Check List（チェックリスト）

- ☐ 昨晩か今朝、お風呂に入った
- ☐ 歯をきちんとみがいた
- ☐ 寝グセはついていない
- ☐ 爪は短く切ってある
- ☐ 清潔な服を着ている
- ☐ 服にシワはついていない
- ☐ くつ下に穴が空いていない

テク3 あいさつでグッとキョリを縮めて

おはよう
こんにちは
ありがとう
よろしく

シーンに合ったあいさつを心がけよう！

コミュニケーションのはじまりになるのが、あいさつだよ。仲よくなりたいコには、にっこり笑顔で元気よくあいさつしよう！「おはよう」「よろしく」「ありがとう」など、あいさつの言葉はたくさんあるから、時間帯やシチュエーションに合わせて正しい言葉を使い分けよう！

TALK ROOM♥

 うた
キョリを縮めるにはあいさつ、だよね！ ……ソ、ソウマくんおはよーっ!!

 ソウマ
あ、おはよう！ うたちゃんはいつも元気だね！

POINT

目上の人へのあいさつは？

先生や近所の人など、目上の人にあいさつするときは、ていねいな言葉に言いかえよう。正しいあいさつができると、それだけで「きちんとしたコ」って印象をもってもらえるはずだよ！

目上の人にくだけた言い方をするのはNGだよ！

言いかえてみよう！

おはよう→「おはようございます」
ばいばい→「さようなら」
ありがと→「ありがとうございます」
ごめんね→「すみませんでした」

4月のプチ情報
4月1日はエイプリルフール。ジョークを言ってもいい日として知られているよ♪

テク4 空気を読む力を身につけよう！

Spring 春 4月 友だちづくり

ほどほど★ 物を失くしちゃうかも。整理整とんを心がけよう♪

その場の雰囲気を観察するようにしよう！

「空気を読む」とは、その場の雰囲気を観察し、自分が何をしたらいいか、何をしないほうがいいか、相手が望んでいることは何かを考えて行動することだよ。たとえば友だちが悩みを相談しているのに、さえぎって自分の話をはじめたり、深刻な雰囲気なのに大笑いしたりしたら、相手をイヤな気持ちにさせちゃうよね。自分の話ばかりではなく、友だちが今どんな気持ちなのかを考えながら、発言や行動をしようね！

POINT

空気を読むコツって？

人の話をきちんと聞くことがいちばん大事！ 話を聞くときは、相手の表情や、話している声のトーンを意識してみて。「観察」することで、相手の気持ちをくみ取れるようになるはずだよ☆

空気を読みすぎてもぐったりしちゃうよ。ほどほどにね！

テク5 「覚えておく」ってすごく大事なこと！

相手の好きなものや誕生日を覚えておこう！

自分が話したことや、好きなもの、しゅみなどを相手が覚えてくれていると、ハッピーな気持ちになるよね。自分がされてうれしいことは、ぜひ相手にもしよう！ 誕生日を覚えておいてお祝いしたり、家で遊ぶとき、友だちが好きなお菓子を用意したりしてみて。喜んでもらえるはずだよ☆

いろいろなことを覚えておくために、プロフ帳（30ページ）を活用するといいんだって！ 相手の誕生日や好きなこと、しゅみなんかが全部のってるもんね♪

POINT
こんなことを覚えておこう！

- 誕生日を覚えておいて、当日お祝い！
- 好きなお菓子を覚えて遊ぶときに用意！
- 好きなタレントがテレビに出ていたら、その話題で盛り上がれる！
- しゅみやとくぎを覚えれば相手の得意分野がわかる！

4月のプチ情報：お花見のときに食べる三色だんご。ピンク＝春、緑＝夏、白＝冬を意味し、「秋がない＝飽きない」という説があるよ。

テク6 いろいろなことに積極的にチャレンジしよう！

やりたいことは思いきって手をあげて！

係やクラブ活動、ポスターづくりのまとめ役、修学旅行の実行委員などなど……。自分がやりたいことがあるなら、ぜひ積極的にチャレンジしてみて！ 友だちの輪が広がるし、学校生活がもっと充実するよ♪

TALK ROOM ♥

ありさ
動物が好きだし、飼育係やってみたいな～。
……あっ、三宅さんも!?

しずく
思いきって飼育係に立候補したら、一条さんと同じ係だ。仲よくなれるといいな。

Spring 春 4月
友だちづくり
ふつう★ラッキースポットは映画館！新作をチェックしよう★

テク7 とくぎや長所をアピールしよう！

自分のステキなところをみんなに知ってもらおう！

運動や、ピアノなどの音楽、絵、スポーツなどなど、自分が得意なことは、積極的にアピールしよう！ また、明るくて場を盛り上げるのが上手だったり、やさしくて人の気持ちに寄りそえたりするのだって、長所のひとつ。そういう自分の「ステキなところ」をわかってくれる友だちが、きっといるよ♪

POINT

たとえば…
- 勉強が得意でノートがキレイ！
- 絵が上手でなんでも描ける☆
- ピアノが得意。伴奏はまかせて♪
- 運動が好き。かけっこが速いよ！
- 花の名前をたくさん知ってるの
- おしゃれはだれにも負けないよ☆

女子力UPレッスン 2 食事のマナーを覚えよう

キレイに食事する習慣をつけよう！

食べ方がキレイなコは、それだけできちんとして見えるもの。反対に、ひじをついたり、ボロボロと食べこぼしながら食べると、相手をイヤな気持ちにさせてしまうよ……。学校で給食を食べるとき、だれに見られてもいいように、つねにキレイに食べることを意識してみよう！

キレイな食べ方のコとは、またいっしょに食事をしたいって思えるよね♪

JSに聞きました！ 好きな給食は何？

みんなが待望んでいる給食を聞いてみよう！

1位 からあげ
サクサクの鶏のからあげが大人気だったよ！ ごはんが進むよね♪

2位 ハンバーグ
とくに、煮こみハンバーグが好きなコが多いみたい。やわらかくてジューシー♡

3位 カレーライス
定番のカレーが3位に！ ごはんもいいけど、ナンで食べるのもおいしいよね♪

（編集部調べ）

みんなが学校へ行くときに背負うランドセルは、オランダ語のランセル（=背負いカバン）が語源なんだって★

\\\これだけは守りたい///
食事中の7つの約束

① 「いただきます」と「ごちそうさま」を言おう

食事の前には「いただきます」、食べ終わったら「ごちそうさま」をきちんと言おう。この2つは、どちらも感謝の意味をもつ言葉なの。動物や植物の命をいただくことに感謝し、食べものを育ててくれた人、つくってくれた人すべてに「ありがとう」の気持ちを伝えるための言葉なんだよ。

② 正しい姿勢を意識して食事を！

きちんとした姿勢で食べることで、胃や腸などの消化器官が正しく働くよ！

- テーブルに対して真っすぐ座り、いすに深く腰かけて背すじを伸ばそう。
- 食事中、ひじは決してつかないでね！
- 足を組んだり、いすに足をからめたりするのはNGだよ。
- テーブルとおなかの間は、こぶしひとつ分開けて。

茶わんを正しく持とう！

親指以外の4本の指をそろえて、茶わんの底を支えるよ。親指はふちにかけよう！

超ブルー★ミスが多い一日に。テストはしっかり見直してね！

❸ はしを正しく使おう

はしを正しく持つと、食べものをキレイに食べられるようになるよ。次のポイントをおさえよう！

①上のはしは、親指、人さし指、中指の3本の指の先で持とう。
②下のはしは、小指と薬指で支えるようにして持とう。
③食べるときは、上のはしだけを動かす。親指の力は抜いて、そえるくらいにして。

❹ 会話を楽しもう

会話をして楽しみながら食事をしよう。笑顔で食事をすると、食べものもおいしく感じられるはず！ ネガティブな話題は避けて、班のみんなが楽しめるような話題にしよう。ただし、「給食中は私語禁止」と定められている学校もあるから、ルールは守ってね！

こんな食べ方はNG!

口の中に食べものが入っているときにしゃべると、口の中の食べものが相手に見えてしまい、イヤな気持ちにさせてしまうよ。また、右の3点も注意しよう。

✕ 大きな身ぶりをしながら話す

✕ 人の悪口を言う

✕ 興味がない話題のときに「関係ない」と話を聞かない

4月のプチ情報
4月に見ごろをむかえるチューリップ。じつは、晴れの日は花が開くけど、くもりの日は花が閉じるんだよ。

5 ゆっくり食べよう

食べものはよくかんで、ゆっくり味わって食べよう。あまりかまずに飲みこむと、だ液が出づらくなって、消化が悪くなるの。それに、早食いは太ってしまう原因ともいわれているんだ。

6 できるだけ残さないように

食事は、動物や植物の命をいただくもの。無理に食べる必要はないけれど、できるだけ残さない努力をしよう。食事を残すのは、つくってくれた人に対しても失礼になるよ。

7 キレイに片づけよう

食べ終わったら、使った食器は自分で片づけるのが基本！　給食のときはもちろん、家でごはんを食べたときも、おうちの人にまかせずに、自分で使ったものは自分で片づけよう。

ふつう☆ 身近な人が頼れる存在になってくれるはずだよ★

おうちによって、シンクまで持っていけばいいとか、食器用洗剤で洗わないとダメとかルールがあるよね。そのルールを守ればOKだよ☆

相手に喜ばれるプロフ帳の書き方をマスターしよう！

クラス替えしたばかりのころは、プロフ帳がまわってくることも多いはず！友だちに喜ばれる書き方のポイントを紹介するよ☆

もらってうれしいプロフ帳のポイント

読みやすい文字で書く！
プロフ帳は、友だちのことを知るためのもの。読みづらい文字で書いちゃうと何が書いてあるかわからないし、適当に書かれたようで悲しい気持ちに……。

きちんと質問に答えよう！
いろいろな質問をされるけど、できるだけマジメに答えてね♪どうしてもヒミツにしたいことがある場合、空欄にはせず、「ナイショ」などと書こう！

カラフルで楽しげに♪
カラーペンを使って、にぎやかな雰囲気にしよう♪「一生けん命書いてくれた」って、相手も喜んでくれるよ。文字をデコったりしても☆

ステキな言葉がい～っぱいっ！
ネガティブなことは書かず、見た人がうれしくなる言葉を入れよう。とくに、相手へメッセージを書くところは、自分がもらってうれしい言葉を書いてね。

イラストをそえちゃおう！
文字のあとに小さなイラストがそえられていると、さらに楽しい雰囲気に☆ 絵が苦手なコは、お気に入りのシールやマステでデコるのがおすすめ。

4月のプチ情報
お花見に欠かせない桜の花。じつは桜って、バラ科の植物なんだよ！

ほめられプロフ帳大公開!!

似顔絵でもOK！
写真がない場合はカラーペンで、かわいく似顔絵を描いちゃおう！

イラストで楽しく♪
ちょこっとイラストを描き足して、プロフ帳をはなやか＆楽しげに☆

コメントをプラス
単語を書くだけじゃなくて、フキダシで補足を入れるといい感じ♪

Spring 春 4月 プロフ帳

ほどほど★忘れものに要注意！ランドセルの中を確認してね。

うたに書いてもらったプロフ帳だよ☆クラシック音楽が好きなんて知らなかった～！

友だちの似顔絵★
持ち主へのコメント欄には、相手の似顔絵をそえて。喜んでもらえるよ♪

相手が喜ぶ言葉を
読んだ相手が喜んでくれるような言葉を書こう。最後のメッセージ欄までしっかりね。

楽しいイースターパーティーで盛り上がろう♪

最近日本でも話題の、イースターパーティー☆
イースターって何? どんなことをするの? そんなギモンにお答え!

イースターは、キリストの復活を祝う日!

イースターとは、日本語で「復活祭」のこと。十字架にかけられて死んだイエス・キリストが、3日目に復活したことをお祝いするキリスト教のイベントなんだ。復活の象徴である「たまご」や、繁栄の象徴の「うさぎ」がシンボルだよ。イースターは、「春分の日以降、最初の満月の次の日曜日」にお祝いするよ。だから、毎年日にちが同じわけではないんだ。

Q パーティーではどんなことをするの?

ごちそうをつくって、復活を盛大にお祝いするんだ! シンボルのたまご(イースターエッグ)やうさぎ(イースターバニー)は、オーナメントや雑貨にして部屋に飾るほか、イースターならではのパーティーゲームもあるよ♪

> 4月のプチ情報
> 桜の開花宣言の基準になるのは「ソメイヨシノ」という品種。それぞれの県に、開花の基準となる木が植えられているよ。

お部屋をイースターモードに！

♥イースターエッグオーナメント

材料……色画用紙、金の折り紙、綿、ひも
道具……はさみ、ボンド、カラーペン、テープ

Spring 春 4月

イースター☺

つくり方

① 色画用紙を、うさぎとたまごの形に切るよ。
② 金の折り紙を星の形に切ってね。
③ うさぎには、小さく丸めたわたをボンドで貼るよ。たまごのほうは、カラーペンで柄を描こう。
④ ひもに②と③をテープで貼りつけたら完成！

♥イースターバニーBOX

材料……牛乳パック、色画用紙、綿、
　　　　リボン、マスキングテープ
道具……はさみ、ボンド

つくり方

① 牛乳パックを底から5〜6cmでカット。色画用紙でくるんでボンドで接着しよう。
② 残りの牛乳パックを細長く切って、持ち手をつくろう。細く切ったマステでデコると◎。
③ ①に②を貼りつけ、リボンとわたで飾ろう。

ほどほど★先生にあてられる可能性大！きちんと予習してね。

POINT

うさ耳カチューシャでプチ仮装！

パーティーでは、かわいいうさぎになりきっちゃおう！　うさ耳カチューシャをつけて、フェイスペイントでひげを描くだけで完成だよ☆

カチューシャのつくり方は48ページで紹介！

イースターにおすすめのゲーム

♥ イースターエッグハント

おうちの中や庭で、宝さがしを楽しむゲームだよ！　イースターエッグのかくし場所をクイズで出題すると、さらに楽しめるよ。友だちと挑戦する場合は、先攻と後攻を決めて、「3つ見つけるまでのタイムを競う」ってルールを決めるのもおすすめ☆

クイズの例

Q.10羽のカラスがかくれているのは?
答え→カーテン（カー、10）

Q.「5385」これなーんだ?
答え→ごみばこ

Q.借りるけど、返せない部屋、なーんだ?
答え→トイレ

Q.ユーレイが使う場所、どーこだ?
答え→階段（怪談）

POINT

紙ねんどでイースターエッグづくり！

100円ショップで売っている紙ねんどでカンタンにつくれるよ♪

A 紙ねんどの白と青を用意。2色を混ぜていき、マーブル模様にして、たまご形にするよ。ねんどの混ぜすぎに注意！

B 白い紙ねんどでたまごをつくり、細めのマスキングテープを巻きつけよう。

C 白い紙ねんどでたまごをつくるよ。耳は画用紙でつくり、ねんどが固まる前にさして。乾いたらカラーペンで絵を描こう。

D カラー紙ねんどでたまごをつくり、カラーペンで模様を描こう！

4月のプチ情報
4月〜5月にかけて、クローバーが増えるよ。4つ葉のクローバーを見つけると、幸せになれるんだって♪

♥ イースターエッグレース

イースターエッグをスプーンなどに入れ、落とさないように注意しながらゴールを目指すゲームだよ。

Spring 春 4月 イースター

あそび方のポイント

準備
コースの長さを決め、エッグを運ぶスプーンを用意！ よりカンタンにしたいならお玉に、難しくしたいなら、はしにしてみよう！

やり方
いっせいにスタートしてゴールを目指すよ。エッグを落としたら、落とした地点から1歩下がってやり直し。同時にスタートする場所がないなら、「エッグを落としたらプラス3秒」として、タイムを競おう！

女子力UPがレッスン 3 ヘアアレの基本テクをマスターしよう

ヘアアレをすると印象がグッと変わる♪

ヘアアレ（ヘアアレンジ）は、顔の印象を一瞬で変える、魔法みたいなもの♡　この本では、髪が短いショートのコ向けのアレンジも紹介しているから、ぜひチェックしてね（106ページ）。でもその前に、37ページから紹介する基本のヘアアレテクを5つ覚えよう♪

難しいアレンジに挑戦する前に、まずは基本の練習からしよーねっ♪

JSに聞きました！
好きなヘアアレは？

あこがれのヘアアレも、この本でしっかりマスター♪

 1位　みつあみカチューシャ
みつあみをカチューシャみたいにしたガーリーなアレンジが大人気だったよ！

 2位　ポニーテール
高めの位置でつくる、定番アレンジのポニーテールが第2位という結果に☆

 3位　ゆるみつあみ
いわゆる「おさげ」も、ゆる〜くほぐすと、ガーリー度がUPしてかわいい♡

（編集部調べ）

4月のプチ情報
春先にとつぜん強い南風が吹くことがあるよ。この強風は、「春一番」と呼ばれているの。

基本のテク
1 結ぶ（ツインテール）

すべてのヘアアレの基本、「結ぶ」のやり方をおさらいしよう！

やってみよう//

1 ブラシで髪をまとめていくよ

髪全体を2つに分けよう。利き手でブラシを持ち、反対側の手の親指と人さし指の2本の指で、結びたい髪を軽くつかむよ。とかしながら髪をまとめていこう。

2 髪にゴムを通して結ぼう

毛束をつかんだまま、一度ブラシは置いておくよ。用意しておいたゴムをまとめた毛束に通し、8の字にして何度か結ぼう。ゆるまないようにきっちり結んでね！

3 反対側も同じように結ぼう！

反対側も、1〜2と同じやり方で結ぶよ。鏡を見ながら、左右の結び目が同じ高さになるように調整してね。

できあがり♥

王道ツインテールは通学にもぴったり★

超ラッキー★ラブ運アップ！ 好きなコに告白されちゃうかも!?

基本のテク ② くるりんぱ

結んだ毛束をくるんとするだけで、アレンジが完成！

1 髪を片側に集め耳の下で結ぼう

ブラシでとかしながら、髪を片側に集めるよ。ゴムで、耳の下あたりで結ぼう。このとき、髪の根もとではなく、ほんの少し毛先寄りに結ぶのがポイント！

2 結び目の上に毛束を通すよ

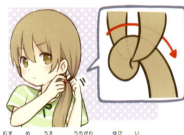

結び目の上に、内側から指を入れてすき間をつくるよ。毛束を引き入れるようにして、あけたすき間に外側から毛束を通そう。ゴムを持ちながらやるとうまくいくよ。

3 毛束を2つに分けて引っ張ろう

最後に、毛束を2つに分け、右手と左手で持って左右にギュッと引っぱろう。こうすることで、「くるりんぱ」したところがゆるまなくなるんだよ。

できあがり♥

超カンタンなのにこって見えるのがうれしい♪

4月のプチ情報　4月末から5月にかけての大型連休、ゴールデンウィーク！ 4月29日と、5月3〜5日が祝日に制定されているよ。

基本のテク ③ みつあみ

JSのアレンジのテッパン！ 正しいやり方をおさらいしよう。

≫やってみよう≪

1 髪全体を2つに分け、片方を3束に分けるよ

髪全体を2つに分けよう。あとで結ぶほうの毛束は、仮でとめておいてね。仮どめしていないほうの髪は、根もとから指を入れ、3つの束に分けるよ。

2 右→左→右……と、毛束を交互に重ねて

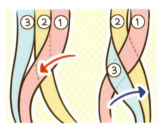

まずは、真ん中の毛束②に、右の毛束①を重ねよう。次に、左の毛束③が真ん中になるように重ねるよ。次は②、①、③……と、交互に重ねてあんでね。

3 毛先まであんだらゴムで結ぼう

ゆるくあまず、きっちりみつあみしていくよ。毛先まであんだらゴムで結んでね。反対側も、高さを確認しながら同じようにあんでゴムで結ぼう！

ふんわり仕上げたいときは、あんでから指で引っぱってあみ目をゆるめるのが正解！ 41ページでやり方を紹介するよ。

できあがり♥

ツインテ×みつあみはガーリーヘア・の定番！

ほどほど★なんだか一日中モヤモヤ…。歌をうたうと気分上昇♪♪

基本のテク ④ あみこみ

ちょっと難しいけど、マスターするとアレンジの幅が広がるよ♪

1 あみこむ髪を3つの束に分けよう

ブラシで髪全体をよくとかし、毛の流れをととのえよう。あみこむ髪をすくいとって3束に分けてね。

2 1回だけみつあみをしよう

最初に1回みつあみをするよ。③の毛束を②の上へ、①の毛束を③の上へ重ねよう。

3 下の毛をいっしょにあむ

次に、後ろ側②の毛束をあむとき、②の毛束の下にある毛束④をすくい、②と合わせてまん中の毛へ重ねるよ。

4 下の毛をすくいながらあみこんでいく

前髪側の③の毛束をあむとき、下にある毛束⑤をすくい、合わせてまん中へ！　前髪側→後ろ側と交互にあもう。

5 あめなくなったら残りはみつあみ！

すくう下の毛がなくなるまであんだら、残りの毛はみつあみして、毛先をゴムで結ぼう。

できあがり♥

あみこみ×みつあみでお嬢ライクに見える♥

4月のプチ情報　4月29日は昭和の日。昭和天皇の誕生日に由来するよ。日本の将来のことを考える祝日なんだって！

基本のテク

5 ほぐす

上手に毛束をほぐせると、おしゃれ度がワンランクUPするよ♪

\\やってみよう//
1 結び目をほぐす

ポニーテールなど、高めの位置で結んだアレンジの結び目をほぐしてみよう。ルーズ感が出て大人っぽさがUPするよ♪

やり方
①結んだゴムを片手で押さえてね。
②反対の手で、結び目から毛をほんの少しずつ引き出してほぐそう。
③鏡でバランスを見ながら仕上げを。

\\やってみよう//
2 あみ目をほぐす

みつあみは、ほぐすとガーリー度がUP♡ 最初からゆるくあむとすぐにほどけてしまうから、しっかりあんでからほぐすのがポイントだよ。

やり方
①結んだゴムを片手で押さえてね。
②結び目に近いほうのあみ目から、毛をほんの少しだけ引っぱるよ。あみ目を平たくするイメージで！
③根もとのあみ目までほぐそう。

ブルー★ ちょっぴり運気が下がり気味。ケガに注意して！

「また来てね」って言ってもらえる お呼ばれマナー

お友だちの家で失礼なことをして、きらわれちゃったらどうしよう！
そんな不安を吹き飛ばす、お呼ばれマナーを紹介！

前日までにやっておくこと

その1 おうちの人に行き先を伝えよう！

お呼ばれが決まったら、おうちの人に遊びに行く日と行き先を伝えよう！　お呼ばれに限らず、外出先はおうちの人に伝える習慣をつけてね。また、友だちの家に行くと、友だちのお父さんやお母さんにお世話になることもあるから、おうちの人から友だちの家へ、「お世話になります」と電話してもらうのがベストだよ！

その2 遊びに行く時間はあらかじめ決めよう！

友だちの家にも予定があるから、遊びに行く前に、何時に行って何時ごろ帰るかを決めよう。平日の放課後なら、夕食の準備がはじまる前、夕方5時ごろに帰ること！　お休みの日は、昼ごはんや夕ごはんの時間は避け、昼1時～夕方5時ごろおじゃまするのが基本だよ。

その3 行き方を確認しておこう！

とくに、はじめて行く家なら、事前に道を確認するのが◎。道順に不安があるなら、おうちの人といっしょに行くか、友だちと公園などで待ち合わせてもいいね。

たどりつくのにどれくらい時間がかかるかも確認！

5月のプチ情報　5月の和風月名は皐月（さつき）。早苗を植える月という意味で、早月と書くこともあるよ。

お呼ばれ当日フローチャート

お呼ばれの日のポイントをチャートで確認！

Q1 遊びに行く約束はしている？

→ **NO** → **突然行くのはNG!**
約束をしていないのに、突然遊びに行くのはマナー違反！　今日は遊びに行くのはあきらめ、きちんと約束してからにしよう。

↓ **YES**

Q2 その友だちの家へ行くのははじめて？

三宅さんの家に行くのははじめてだから「YES」だね。

→ **YES** → **手土産を持っていこう！**
はじめておじゃまするときや、お泊まりするときは、手土産を持っていこう！　おうちの人に相談して、用意してもらってね。

食べたときボロボロこぼれない、ドーナツやチョコレート菓子がおすすめ！

↓ **NO**

用意できたら…

《準備ができたら…》

いざ出発！

出発進行！　友だちの家へは、約束の時間ぴったり〜5分後くらいまでにつくようにしてね。早くつきすぎると、準備が整っていなくて、迷惑になっちゃうかも……。

次のページ **Q3** へ

Spring 春 5月 お呼ばれ

ブルー★　勉強運が下がりぎみ！　図書館に行くとよさそう★

Q3 友だちの家まで何で行く？

自転車 →

駐輪場所を確認！
自転車で行ったときは、駐輪場所を確認してから停めてね。勝手に道路に停めると、近所の人の迷惑になってしまうかも！

徒歩 ↓

家に上がるときはくつをそろえて！
友だちの家へ入ったら、「おじゃまします」とあいさつをしよう。くつは、ドアから入った向きのまま脱いで、家へ上がってから、しゃがんでそろえるよ。このとき、お迎えの人に完全に背を向けず、体をななめにしてしゃがむのが正しいマナー！

Q4 友だちのおうちの人はいる？

NO →

友だちの家でやってはいけないこと
- ✗ 勝手にほかの部屋へ行く
- ✗ 冷蔵庫を開けたりテレビを勝手につける
- ✗ 家の人のものを勝手にさわる

これ以外にも、友だちの家で決められているルールはきちんと守るようにしてね！

YES ↓

きちんとあいさつしよう！
友だちの家の人がいるなら、いきなり部屋に行かず、まずあいさつを。フルネームを伝え、「お邪魔します」とハキハキした声で言おう。

"勝手に"何かするのは絶対ダメなんだね！

Q5 へ

5月のプチ情報
5月は英語でMay（メイ）。春を司る、実りの女神・マイアの名前が語源という説も！

Q5 泊まる予定はある？

YES →

積極的にお手伝い！

泊まるときは、夕食の用意など、できる限りのお手伝いを。このとき、勝手に手伝うのはNG。必ず友だちのおうちの人に、「何かお手伝いできますか？」と確認しよう！

NO ↓

遅くならないうちに帰ろう！

迷惑にならないように、夕方5時ごろまでには帰ろう。「おじゃましました」とあいさつしてね。

Spring 春 5月
お呼ばれ

ふつう★ 心配だったことが解決しそうな予感！

家についたら、電話をしよう！

無事に帰宅したら、友だちの家へ電話して、「家につきました、お世話になりました」と伝えよう。もし、友だちの家で何かごちそうになった場合は、おうちの人に伝えてお礼の電話をしてもらってね。

「家に帰るまでがお呼ばれ」だよ！

お呼ばれのQ&A

Q. 2回目からも手土産は必要？

A. 2〜3回に一度、友だちと自分が好きなお菓子を持っていけばOK！ただし、お泊まりする場合は持っていこう。

Q. 友だちの家へ行くのが当日に決まったら？

A. おうちの人に直接行き先を伝えられない場合は、メールするか書き置きを残すよ。お礼の電話は、帰宅後にかけてもらってね。

かわいい&おしゃれ ファッション小物を手づくりしよう！

ファッション小物を手づくりして身につければ、おしゃれがもっと楽しくなる……！ 5つのアイデアを紹介するよ☆

うさ耳カチューシャ

バンダナ2分の1枚とカチューシャがあれば、カンタンにつくれるよ♪ バンダナ柄が、かわいい&おしゃれ！

用意するもの

☐ バンダナ …… 1/2枚（対角線で半分にカット）
☐ カチューシャ ……1コ
☐ ボンド ☐ はさみ

つくり方

① バンダナをカットしよう

ななめ半分に切ったバンダナを、対角線のラインから2cm幅で真っすぐカットしてね。

② ①をカチューシャに巻きつけよう

①で切った2cm幅のバンダナを、ボンドを少しずつ足しながらカチューシャに巻きつけて接着。

③ 耳になる部分をつくろう

うさぎの耳になる部分を、①の余った布を折ってつくるよ。折り方は4ステップ！

1.半分に折る

2.さらに半分に

3.直角部分を長い辺に合わせる 　4.辺と辺が合うようにもう一度折る

④ ③を結んで形を整えて

③を、②のカチューシャに結んでね。うさ耳の形に整えれば完成！

5月のプチ情報

4月20日～5月20日生まれのコはおうし座。平和主義でおだやかな性格のコが多く、いやし系だよ♪

レースリボンカチューシャ

レースとリボンのコラボがかわいすぎ♡
ラブリーに決めたいコにおすすめだよ。

用意するもの
- □3.5cm幅レースリボン … 40cm
- □1.2cm幅リボン … 40cm、5cm
- □2.5cm幅リボン ……… 15cm
- □カチューシャ…1コ □グルーガン

つくり方

① レースとリボンをカチューシャに接着

レースリボンと40cmの1.2cm幅リボンを貼り合わせ、グルーガンでカチューシャに接着。

② 飾りのリボン用のわっかをつくろう

飾りリボンをつくるよ。まずは、2.5cm幅リボンの端をグルーガンで接着してわっかにしてね。

③ ②の中心をリボンでとめよう

②の中心を、写真のように寄せてね。中央を、1.2cm幅リボンの5cmのほうで巻いてグルーガンでとめて。

④ 飾りリボンを①に接着

③の飾りリボンを、①のカチューシャに接着しよう。グルーガンでしっかりとめて。

花かんむり風カチューシャ

頭につけると、まるで花かんむりみたいになるキュートなカチューシャだよ♡

用意するもの
- □1.2cm幅リボン …………… 40cm
- □造花（花が15コ以上ついているもの）…1本
- □カチューシャ…1コ □グルーガン

つくり方

① リボンをカチューシャに接着

あらかじめ、造花の花部分を切っておいてね。リボンをグルーガンでカチューシャに接着！

② 花を①に接着していこう

①に、切っておいた花をグルーガンでつけていくよ。色のバランスを見ながら配置しよう。

帽子風ブローチ

まるで麦わら帽子のようなミニチュアブローチ！　じつは、麻ひもとペットボトルキャップでつくれちゃうの♡

用意するもの

- □麻ひも……………………200～300㎝
- □ペットボトルキャップ … 1コ
- □ダンボール…直径6㎝の円に切ったもの
- □フェルト……直径6㎝の円に切ったもの
- □リボン、飾り…………お好みのもの
- □ブローチピン……1本
- □両面テープ　□ボンド　□はさみ

つくり方

❶ 両面テープを土台に貼りつけよう

キャップの表面全体と、ダンボールの片面に、両面テープを貼りつけるよ。

❷ 土台同士をくっつけよう

両面テープの上紙をはがして、ダンボールの中心にキャップを置き、貼り合わせよう。

❸ 麻ひもをクルクル巻こう

キャップのほうから、麻ひもを巻きつけながら接着していくよ。すき間が出ないようにしっかりね！

❹ ダンボールまで巻ききるよ

ダンボールのつば部分まで、しっかり巻ききってね。麦わら帽子の形になったよ！

❺ 土台の後ろにフェルトを貼ろう

ボンドでダンボールのウラにフェルトを貼るよ。ブローチピンはフェルトの上にボンドで接着！

❻ ぼうしを好きに飾ろう！

レースのリボンを巻いたり、モチーフをつけたりして、帽子をかわいく飾ろう！

5月のプチ情報　5月の誕生石はエメラルド。石言葉は「幸運」だよ。愛のパワーを秘めている石なんだって！

ぽんぽんリボンヘアゴム

シースルーのリボンの中に、ふわふわのぽんぽん！　お店で買ったみたいなかわいいアクセをつくろう♡

用意するもの

- □シースルー素材の布… 15cm平方
- □カラーぽんぽん……… 20コくらい
- □モール………………… 10cm
- □ヘアゴム……………… 1コ
- □リボン ………………… 10cm
- □グルーガン

Spring 春 5月　手づくり小物

いい日★本屋さんでステキな出会いがあるかも！

つくり方

❶

ぽんぽんを置いた布を三つ折りに

布の上に、ぽんぽんを2つに分けて写真のように置くよ。布を三つ折りにしよう！

三つ折りのやり方

15cm / 15cm　ぽんぽんを2つに分け、●部分に離して置くよ。

布の上下を折って三つ折りにしよう。

❷

両サイドを中心に向かって折ろう

❶の両サイドを中心に向かって折るよ。布の端どうしが、中心で少し重なるようにしてね。

❸

中心をつまんでモールでしばって

❷の中心を写真のようにつまんでリボンの形にしたら、モールでキュッとしばろう。

❹

ヘアゴムを仮どめしよう

❸の中心にヘアゴムを置き、グルーガンで仮どめしよう。しっかりつけなくて大丈夫。

❺

リボンを中心に巻きつけよう

モールをかくすようにしてリボンをグルッと巻きつけ、グルーガンで接着しよう！

51

かわいいお手紙はデコ文字&イラストでつくれる!

ステキなお手紙をもらうと、テンションが上がっちゃうよね☆
デコ文字やイラストで、お手紙をかわいく書くコツを紹介するよ!

もらってうれしいお手紙公開!

POINT1 デコ文字ではなやかさUP♪
文字やフレーズをデコって、手紙をはなやかにしよう! デコり方のバリエーションはいろいろ♪

POINT2 デコラインでこなれ感UP♪
絵が苦手なコでも、カンタンに手紙がかわいくなる! 話が変わるときや、お手紙のはじめ&終わりに入れて。

POINT3 ちょこっとイラストでにぎやかさUP♪
ぷちイラストを描き足せば、手紙の楽しさが倍増!? 絵がニガテなコは、記号を組み合わせて顔文字にしよ♪

POINT4 おまけ要素で楽しさUP♪
手紙の中に、お楽しみ要素を加えよう! 読んでいて楽しいし、友だちとのコミュニケーションになる☆

あ、あれ…? ありさの手紙、急にかわいくなってる…!?

5月のプチ情報
5月の誕生花はすずらん。「幸福の再来」や、「純粋」などの花言葉があるよ。

もらってうれしいお手紙のポイント

ポイント1 デコ文字ではなやかさUP⤴⤴

お手紙を書くとき、かわいさを重視して文字をわざと丸っこく書いたり、くずして書いたりするのはNG。読みづらくなるし、文字に変なクセがついてしまうよ。おすすめは、文字自体は読みやすく書きつつ、フチをつけたり影をつけたりしてデコること！ 文字のデコバリエと、よく使うフレーズのデコサンプルを紹介するよ☆

Spring 春 5月 お手紙

POINT

たとえば…

 線の両端に線を加えるだけでもかわいい♡

 文字のまわりを囲むとたちまちPOPな印象に！

 線を太くして、ぶっくり感を足してみたよ♪

 影をつけて立体的に！文字がとっても目立つよ☆

まあまあ★ 友だちのお手伝いをすると仲が深まるよ♪

マネしてみよう！

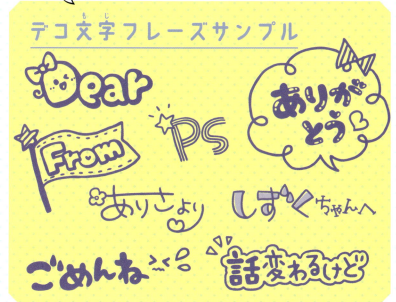

デコ文字フレーズサンプル — Dear / ありがとう♡ / From / PS / ありさより / しずくちゃんへ / ごめんね / 話変わるけど

ポイント2 デコラインでこなれ感UP↑↑

お手紙を書くとき、デコラインで区切ると見やすくなるし、かわいく仕上がるよ♡ いろいろな図形やモチーフを組み合わせて、オリジナルラインをつくってみよう！

こんなときに使おう！
「Dear」や「○○ちゃんへ」のあと、「From」や「○○より」の前、話が変わるところに使えるよ。便せんをデコラインで囲って、枠のようにするのもおすすめ！

マネしてみよう！

デコラインサンプル

いろいろなサイズの星が連なったライン。星はカラフルにするとPOPな雰囲気に☆

キュートなリボンを、点線でつないだシンプルなラインだよ。カンタンに描ける！

お花と葉っぱのかわいいライン。シンプルな便せんをこのラインで囲ってみよう！

ポイント3 ちょこっとイラストでにぎやかさUP↑↑

お手紙をはなやか＆楽しくするちょこっとイラストは、1枚のお手紙に3〜5点くらい入れればOK。イラストばかり入れると、ごちゃごちゃした印象になっちゃうかも!?

マネしてみよう！

ちょこっとイラストサンプル

「バイバイ」と手を振っている女のコ。最後にそえるとかわいい！

友だちの誕生日に送る手紙には、大きなケーキを描いちゃお♪

学校のイラストを校舎の形で再現。窓や時計を描くといいね！

意外と使えるのがノート&鉛筆の絵。勉強トークにそえてみて☆

ファッションアイテムの絵を描けば、たちまちおしゃれ感UP♡

5月のプチ情報
5月3日は憲法記念日。日本国憲法の施行を記念した祝日で、国の成長を願う日なんだって♪

ポイント4 おまけ要素で楽しさUP⤴⤴

お手紙は、相手に楽しんで読んでもらえるのがいちばん！ かわいさだけじゃなく、楽しめる要素も入れてみよう♪

Spring 春 5月 お手紙

POINT

心理テストで楽しく！

おすすめは、お絵かき心理テスト。「答えはわたしに聞きに来てね」って書いておくといいね！

マネしてみよう！

→の水そうに魚を描いてね。魚の大きさや数は自由だよ！

あなたの恋愛タイプがわかるよ！ **大きい魚を1匹**…理想の相手を待ちつづけるコ。**小さい魚が1匹**…愛する人に尽くしちゃう♡ **大きめの魚が数匹**…努力でカレをGETする！ **小さい魚がたくさん**…いろいろな人に目移り!?

自分クイズを出題

仲よくなったばかりなら、自分プロフィールをクイズにして出そう！ 「わたしのとくぎはなんでしょう?」「血液型はなんだと思う?」などでOKだよ！

おすすめランキング

「イチオシのドラマベスト3」「おしゃれな小物が売っている場所トップ3」など、自分がみんなにおすすめしたい情報をランキングにして紹介しよう！

動きやすさばつぐんの スニーカーコーデに挑戦しよう!

毎日はいているスニーカーも、合わせ方やはきこなししだいでグッとおしゃれになる! 5パターンのコーデを紹介するよ♪

\\ まずは王道！ //
カジュアルコーデ

ホワイトのスニーカーならほどよくきちんと感も♪

POINT
テッパンのカジュアルコーデに合わせて。デニムとの相性ばつぐんだね☆

\\ 意外にマッチ！ //
ガーリーコーデ

ラブリーなコーデをカジュアルダウンしちゃお！

POINT
フレアスカートに、あえてスニーカーを足すと、コーデが引きしまるの♪

\\ ハマリすぎ!? //
スポーティーコーデ

短めソックスと合わせて元気いっぱい王道スポ★

POINT
ベスト×スカートのプレッピーコーデは、キャンバス地がマッチ♪

春 5月
コーデ♪

\\ しっかり見せ! //
プレッピーコーデ

POINT
スニーカーといえば、スポコーデ！ナンバー入りTやキャップと相性◎。

プリーツスカートと合わせればグッドガールになれちゃう♪

ラッキー★ 積極的に発言したら、先生にほめられそう★

\\ 個性派になれる! //
ヤンかわコーデ

POINT
くつは正しい方法で洗おう！

生地によって洗い方や使用する洗剤がちがうから、きちんと確認してから洗ってね。誤った洗い方は、傷みの原因になるよ。

POINT
エッジがキいたヤンチャ系コーデに合わせれば、周囲の視線クギヅケ!?

エッジィな服に合うエナメル地でおしゃ見せ！

センスUP!? 図工でほめられるテクをマスター！

図工の授業が苦手なコ必見！ 水彩画、ねんど、版画をじょうずにこなすテクを覚えて、「センスいいね！」ってほめられちゃおう♪

水彩画

水彩絵の具で描く「水彩画」。小学校の図工の授業で経験があるコがほとんどじゃないかな？ 写生会で描いた絵が、ろうかに貼り出される学校もあるよね！
水彩画を上手に描くいちばんのポイントは、塗る順番をしっかり決めること！ あとは、下絵のときから、完成絵を意識して描くことだよ。

下絵はHBの鉛筆で描くのがおすすめなんだって！

下絵を上手に描くコツ

主役をきちんと決めよう
主役を決めずに適当に風景を切り取ると、のっぺりした印象の絵になっちゃう。描きたいもの、気になるものを見つけ、主役にしよう。

最初は大まかにアタリをとろう
まずは主役と背景の配置をざっくりと描き、絵のアタリをとってから細かいところを描くと、バランスのよい絵になるよ！

遠近感を考えて描いてみよう
近くのものは大きく、遠くにあるものは小さく描くことが大切！ そうすることで、遠近感が生まれて、立体的な絵になるよ。

5月のプチ情報　5月5日はこどもの日。子どもの幸せを願う祝日なんだって★

風景画にトライしよう！

春 5月 図工テク

ふつう★動物とふれ合うのが◎。飼育小屋へGO！

POINT1
空から塗っていこう
水彩画は、面積が広いところ＝空から塗るよ。まずは、色をなじませるために筆に水だけをつけて塗ると◎。そのあと、たっぷりの水で溶いた青や水色の絵の具で、上から下に向かって塗ろう。

POINT2
木は葉→幹の順で
木は、まず緑の葉を描いてからあいているところに枝や幹を描くとバランスがとれるよ。木に限らず、色を塗るときに輪郭をとるとムラになるから、中央に筆を置き、外へ広げるように描こう！

POINT3
影をつけて立体的に！
ものにはかならず影ができる。影をつけると、グッと立体感のある絵に仕上がるよ。コツは、光の方向を意識することと、黒で描かないこと！　緑の草原にできる影なら、深緑で塗ると自然だよ。

POINT4
明るい色を入れよう
風景画は、どうしても緑や青、茶色が多くなる。赤い屋根や黄色い花など、明るい色を入れると、絵がはなやぐよ。手前に花を描くとき、しっかり描きすぎず淡く描くと、ピンボケ感が出てステキ！

紙ねんど

造形物の紙ねんどは、絵とはまたちがった難しさがあるよね。思いどおりの作品をつくるためのコツを4つご紹介！

コツ① しっかり練ろう

袋から出した紙ねんどには、空気がたくさん含まれているよ。この空気が、ひび割れの大きな原因。最初に紙ねんどをよく練って、空気を押し出しておこう！

コツ② 芯をつくると◎

紙ねんどが厚いと、乾燥中にひび割れてしまう可能性が。ペットボトルや針金、牛乳パックなどを芯にして、芯をおおうようにして形をつくれば安心！

コツ③ 乾かし方に注意！

ねんどの表面は速く乾き、中はゆっくり乾く。その差が、ひび割れの原因のひとつに。表面が軽く乾いたら、ぬれティッシュでおおい、ゆっくり乾かそう。

コツ④ 色は濃く塗ろう

最後の仕上げ、色塗り！　紙ねんどが完全に乾いてから塗るのがポイント。また、絵の具に水を足しすぎず、濃いめに塗ると、発色がキレイに！

5月のプチ情報　5月5日は、端午（たんご）の節句でもあるよ。この日に男のコの成長を願う風習は、中国から伝わったの。

木の板を彫刻刀で削り、インクをつけて紙に絵を写す版画。つい彫ることばかりに気をつかいがちだけど、下絵がすごく大事だよ！

Spring 春 5月

図工テク

コツ1 下絵をしっかりつくろう

下絵は版画の設計図！ ただ描いていくのではなく、細かいところまでていねいに、時間をかけてつくりこんでね。インクがのる広い面は、油性ペンでぬると仕上がりがイメージできるよ。なお、刷ったとき左右が反転することを忘れずに！

コツ2 背景から彫ろう

最初は、背景などの広い面から彫っていくよ。彫刻刀には種類があるから、彫る場所に合わせて適したものを選んでね。

コツ3 刷るときも慎重に！

刷る前に、何もつけていない絵の具の筆などで彫りくずを落とすよ。インクは、ムラが出ないようにローラーを前後左右に動かそう。紙を重ねバレンで中央→外にしっかりこすり、インクを写せば完成！

彫刻刀の種類

平刀……… テープのように、四角く平らに彫れる。広い面を彫るのに◎。

丸刀……… 広い面を彫るのに◎。とても扱いやすい。大小2種類あるよ。

切り出し刀… 切りこみを入れるときに使う。細かいところを彫るのに最適。

三角刀……… 細く、するどい線を彫れる。顔など細かい部分を彫るときに！

POINT ケガには十分注意！

彫刻刀は「刃物」。扱うときは、ケガをしないよう慎重に！振りまわしたりすると、だれかをケガさせてしまうこともあるから絶対にダメ！

まあまあ ★ ニガテな友だちの弱点を発見!? 悪用はダメだよ！

女子力UPレッスン 4 おしゃれの基本を覚えよう

おしゃれは基本を身につけることが大事だよ！

この本を手にしてくれたコのほとんどが、おしゃれを楽しみたいと思っているんじゃないかな？　でも、やみくもにトレンドの服を買い足しても、お洋服が増えるだけで、真のおしゃれさんとはいえないよ。おしゃれの知識を学んで、基本をおさえてコーデできるようになろう！

基本がわかれば おしゃれ度がグッと UPするはず♪

JSに聞きました！
今さら聞けないおしゃれのギモン

知ったかぶりしがちな、おしゃれのギモンを聞いたよ。

1位 用語がわからない

コーデ？ テイスト?? 雑誌で登場する言葉の意味、じつは知らないコが多いよ。

2位 ブランドを知らない

JSに人気のファッションブランド、名前を覚えられていないコが多いみたい。

3位 トレンドって何？

今年のトレンドは……って言われても、最旬情報をいちいちチェックできない〜！

（編集部調べ）

5月のプチ情報
5月の第二日曜日は母の日だよ。お母さんに感謝を伝えて、カーネーションの花束をおくろう♪

おしゃれの基本7か条

\\これだけは意識しよう！//

1 コーデの雰囲気は統一しよう

服を組み合わせて着ることを、コーディネート（コーデ）というよ。服や小物など、アイテムには雰囲気（テイスト）がある。雰囲気がバラバラのアイテムを組み合わせると、コーデがちぐはぐになってしまうよ。ポップ系、ガーリー系など、全体のテイストを統一すると、コーデがまとまってグッとおしゃれに見えるよ♡

まあまあ★まわりから大注目の一日になりそう♪

2 色は3つくらいでまとめよう

コーデするとき、色をたくさん使うと、コーデにまとまりがなくなって、ごちゃごちゃした印象になるよ。ポイントは、3色くらいでまとめること。この3色を、広い範囲で使う「メインカラー」、2番目に使う「サブカラー」、コーデのアクセントにする「アクセントカラー」と決めると、バランスがよくなるよ☆

3 上下のバランスを意識しよう!

コーデは基本的に、トップス（上半身に身につける服）と、ボトムス（下半身に身につける服）の組み合わせ。トップスとボトムスを合わせるとき、どちらもボリュームのある服にすると、メリハリがなくなってしまうよ。右で紹介するコーデのように、バランスを意識して組み合わせよう!

Tシャツ×スカート
タイトなトップスに、ボリュームのあるスカートを合わせたよ。

ワンピース×レギパン
ゆったりシルエットのワンピは、細身のレギパンですっきり見せ!

4 小物をうまく活用しよう!

コーデに必須なのが、ヘアアクセやバッグ、ベルトなどの小物。うまく活用すると、コーデがレベルアップするよ♪ただし、つけすぎるとごちゃっとしちゃうから、3～4点くらいにしようね!

こんな小物がおすすめ!

ヘアゴム
モチーフつきのものを選べば、ヘアアレがさらにキュートに♡

だてメガネ
雰囲気を変えたいコやかしこ見せしたいコには、だてメガネがおすすめ。

イヤリング
大ぶりなら大人っぽく、小ぶりならガーリーな雰囲気になるよ♡

5月のプチ情報
『茶摘（ちゃつみ）』の歌い出し、「夏も近づく八十八夜～♪」は、立春から数えて88日目の5月2日ごろのことなんだって!

5 足もとまで気をつかおう！

おしゃれなコは、足もとまで気を抜かないもの！　シューズやソックスも、コーデの一部と考えよう。たとえば、スニーカーにレースのソックスを合わせてヌケ感をプラスしたり、スポーツサンダルにラインソックスを合わせたり……ね！

スニーカー × レースソックス

サンダル × ラインソックス

6 TPOに合ったコーデにしよう！

どんなにおしゃれでも、TPOに合った服じゃないとミリョクが半減しちゃう。TPOとは、「時と場所と場合」のこと。たとえば、卒業式などのセレモニーの日にカジュアルなジーンズをはいたり、真夏に冬ものを着たりするのはNGだよ！　シチュエーションに合った服を選ぼう☆

ふつう ★　宿題は早めにすませると◎。時間をゆうこうに使ってね！

7 清潔感が何より大事！

おしゃれのポイントを紹介してきたけど、いちばん大事なのは「清潔感」。清潔感がないと、いくらおしゃれをしても、不潔な印象をもたれてしまうよ。21ページを参考に、清潔感が損なわれていないかチェックしよう。

シミがついていたりシワシワだったりする服は着ないようにしてね～！

これでカンペキ！ハッピー修学旅行 持ちものカタログ

修学旅行を、さらに楽しくするために……！
持っていくと便利＆ハッピーに過ごせるアイテムを、まるっと紹介するよ♪

絶対必要なグッズ

CHECK! □ ビッグバッグ
とにかくたっぷり入るものを用意。帰りはお土産などで荷物が増えがちだから、出発時にパンパンにならないように！

でかリュック
背負ったときに両手があくのがうれしい！　ベルトが太めのものだと、肩に負担がかからないよ。

ボストンバッグ
ふくらみのある、大きな手さげバッグ！　マチが広くて荷物がたくさん入るものを選ぼう。

ナップザック
たためばコンパクトになるし、背負ったとき両手があくから、イチオシだよ♪

CHECK! □ サブバッグ
ビッグバッグは、バスの中やホテルでお留守番。自由行動で使えるサブバッグも用意しよう！

ショルダーバッグ
定番ショルダーバッグ。しおりやおさいふが取り出しやすいよ！

6月のプチ情報
6月の和風月名は水無月（みなづき）。田んぼに水を引く、水の月という意味だといわれているよ。

ルームウェア

動きやすい&かわいいルームウェアを持っていこう♪ 夜のガールズトークがさらに楽しみに★

パイル生地ウェア

ふんわり&キュート！タオルのような肌ざわりの、パイル生地ウェアが好き♡

Spring 春 6月 修学旅行

ワンピースタイプ

くるくる丸めればコンパクトになるから荷物にならない♪

ヘアターバンがあると便利！

洗顔やお風呂上がりに、サッと髪をおさえられるヘアターバン。かわいいし便利だよ♪

ほどほど★年下の子のお世話をすると運気がアップしそう★

帽子

外を歩く機会も多いから、つばがある帽子を用意して、お顔をガードしてね！

お風呂セット&スキンケアセット

シャンプー&トリートメントやスキンケア用品は、いつも使っているものを持っていくと安心！

つば広帽

つばが広〜いハットなら、顔だけじゃなく首の後ろも完全ガードできちゃうよ☆

キャップ

JSの王道、キャップ！お気に入りの色や柄のアイテムを選べば、気分も上々♪♪

かさばらないように、ミニサイズのものやトライアルセットが便利♪

そのほか絶対持っていくグッズ

- □おさいふ
- □雨具
- □ハンカチ
- □エチケット袋
- □日数分の着替え
- □生理用ナプキン
- □ティッシュ
- □お薬（必要なコは）
- □下着（日数+1日分）
- □歯ブラシセット
- □筆記用具
- □しおり

あると便利なグッズ

CHECK! □ きんちゃく＆お風呂トート

下着や着替えを持ち歩けるきんちゃく＆お風呂セットをまとめられるお風呂トートが超便利！

お風呂トート

防水タイプのものなら、ぬれてもサッと拭くだけでいいから、乾かす手間いらず！

きんちゃく

サイズちがいで用意すると、大きめのものには着替え、小さいものには下着……と使い分けられるよ。

袋は多めに持っていこう！

ビニール袋は多めに持っていくと◎。下着などを分けておけるし、ゴミが出てもサッとまとめられるよ！

CHECK! □ ケアポーチ

ミラーやブラシ、ヘアアレグッズなど、女子の必需品をまるっとつめこんでおこう♥

ケアポの中身は、19ページをチェックしてね♪

CHECK! □ エコバッグ

小さく折りたためるエコバッグがあれば、帰りにお土産などの荷物が増えても安心！

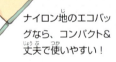

ナイロン地のエコバッグなら、コンパクト＆丈夫で使いやすい！

そのほかあると便利なグッズ

□ラゲージタグ
バッグには、目印になるタグをつけておこう。みんなの荷物と混ざっても迷子にならないよ♪

□日焼け止め
□虫よけ
□虫さされ薬

□ハンカチポーチ
ハンカチみたいなポーチ！ こっそり生理用品を持ち歩けるし、ハンカチとしても使えて便利だよ。

6月のプチ情報
6月は英語でJune（ジューン）！ 結婚生活を守護する女神・ジュノーの名前が語源という説も！

お楽しみなグッズ

CHECK! カードゲーム

トランプやUNOなどのカードゲーム！大荷物にならないし、みんなで遊べるのがうれしい♪

人気アイテムだから、グループでだれが持っていくか決めておくとイイネ☆

CHECK! 心理テストやゲームの本

心理テストが載っている本や、みんなで楽しめるゲームが紹介されている本を持っていこう！

Spring
春
6月

修学旅行

超おすすめ！

『C♡SCHOOL 心理テスト＆ゲームBOOK』
心理テスト、ゲーム、怖い話がまとまった本。これ1冊で、修旅が100倍楽しくなる♡　¥980（税別）／朝日新聞出版

そのほかお楽しみグッズ
- □カメラ、充電器　□お菓子
- □スマートフォン

学校によっては持っていくのを禁止されていることもあるみたい。ルールは守ってね！

抹茶ソフトうまー！

ねぇ このあとお土産見に行こ！

しずく もうすぐ誕生日なの!?

うん

じゃあパーティーしようよ
今度はうちで！

いいね！
ガクもつれてくるよ！

女子力UPレッスン 5 お楽しみ♪ 心理テスト

みんなで楽しめる心理テストを、ちょっとだけ紹介するよ♪
友だちや好きなコの本音がわかるかも……!?

Q1 友だちをスイーツに当てはめよう！

4つのスイーツがあるよ。それぞれに当てはまる友だちを思い浮かべよう！

1. フルーツポンチ
2. ガトーショコラ
3. チーズケーキ
4. いちごショートケーキ

★ ★ ★ ★ ★ ★ ★ ★ ★ ★ ★ ★ ★ ★ ★ ★

Q2 友だちへのプレゼント、何にする？

もうすぐ仲がいい友だちの誕生日！　喜んでもらえそうなプレゼントは？

1. ヘアアクセ
2. ステショ
3. ぬいぐるみ
4. カードゲーム

6月のプチ情報
5月21日〜6月21日生まれのコはふたご座。流行に敏感で男女関係なく仲よくできるから、友だちも多いよ！

Q3 ハロウィーンでコスプレするなら?

今日は楽しいハロウィーンパーティーだよ！　どんな仮装で参加しようか？

❶ まじょ

❷ プリンセス

❸ おばけ

❹ ドラキュラ

Q4 男のコをマンガのキャラに当てはめよう！

自分がスポーツマンガの主人公の男のコだったら!?　それぞれのキャラに、身近な男のコを当てはめよう！

❶ 同じチームの相ぼう

❷ 同じチームのライバル

❸ 家が近所の幼なじみ

❹ 他校のエース

ラッキー★好きなコと急接近しちゃう予感…!?

Q5 学級新聞のインタビュー相手は?

授業で学級新聞をつくるよ。インタビュー記事、だれに取材しよう？

❶ 学校の先生

❷ 学校の卒業生

❸ 他校の生徒

❹ 近所の有名なお店

診断は次のページへ！

診断結果

A1 その友だちのこと、どう思ってる？

❶ フルーツポンチのコは…
あこがれの存在！

あなたは、そのコにあこがれていて、「このコみたいになりたいな〜」って思っているんじゃない？「すごいね！」ってすなおに伝えれば、仲が深まるかも！

❷ ガトーショコラのコは…
本当の心友！

ズバリ、あなたはそのコを本当に信頼できる心友だと思っているよ！考え方が似ているから、ケンカもしないんだよね。大人になっても仲よしでいられそう♡

❸ チーズケーキのコは…
じつは苦手なコ

もしかしたらそのコのこと、ちょっぴり苦手なのかな？でも、考え方が正反対のカノジョは、あなたに新しい刺激をくれる存在。思いきって話しかけてみて！

❹ いちごショートケーキのコは…
いやされる存在☆

あなたにとってそのコは、いっしょにいるだけでいやされるマスコット的存在♡同じグループになったり、席が近くなったりすると、毎日が楽しくなりそう！

★ ★ ★ ★ ★ ★ ★ ★ ★ ★ ★ ★ ★ ★ ★ ★ ★

A2 あなたの友だち思い度

❶ ヘアアクセのコは…
友だち思い度
90%
自分よりも友だちを優先する、やさしい心の持ち主♡たまには友だちに甘えてみよう！

❷ ステショのコは…
友だち思い度
70%
気配り上手で、友だちへの思いやりも十分！まわりから感謝されることも多そうだよ。

❸ ぬいぐるみのコは…
友だち思い度
50%
普段は友だちを思いやれるけど、ときには恋を優先!?調子がいいって思われないよーに。

❹ カードゲームのコは…
友だち思い度
30%
ちょっぴり自己チューなところがあるのかも。友だちの気持ちを考えて行動してみてね！

A3 あなたのクラスでのポジション

①を選んだコは…
相談役
どんな話も親身になって聞いてくれるから、あなたに相談したいってコが続出してるかも！

②を選んだコは…
リーダー
クラスのみんなからたよりにされているみたい！　みんなの意見を平等に聞いて、うまくまとめよう。

③を選んだコは…
盛り上げ役
明るくてユニークなあなたは、盛り上げ役！　期待に応えようとして、ハメを外さないようにね☆

④を選んだコは…
独立系
大人っぽくてミステリアスな雰囲気で、独立系ポジション。わが道を行くコって思われていそう。

A4 その男のコのこと、どう思ってる?

①同じチームの相ぼうは…
恋のキューピッド！
そのカレのこと、なんでも話せる心友だと思っているみたい。「手伝って」って気軽に言えるから、自分の恋を応援してくれるキューピッドになってくれそう。

②同じチームのライバルは…
自分のこと、好きかも？
あなたはカレを意識しているけど、それは「自分のこと好きかも?」と思っているから！　ワザと振りまわして反応を楽しむ……なんてこと、しないようにね！

③家が近所の幼なじみは…
本命のカレ♡
幼なじみは、心のキョリの近さをあらわしているの。つまりあなたは、そのカレと「もっと近づきたい＝つき合いたい」って思っているみたいだよ♡

④他校のエースは…
あこがれの人
他校のエースは、たまにしか会えないけど尊敬している人。あなたにとってカレは、芸能人みたいな存在。たまに見て胸きゅんできれば満足、って感じだね♡

いい日★仲よしの友たちが悩みを解決してくれるかも★

A5 恋のチャンスはどこにある？

①を選んだコは…
意外な場所！
他校との合同行事や、おばあちゃんの家に遊びに行ったときなど、意外な場所に運命の出会いが……!?

②を選んだコは…
塾や図書館！
恋のチャンスは、知性を感じられる塾や図書館にありそう！　マジメな男のコと意気投合しちゃうかも。

③を選んだコは…
習いごと
しゅみやとくぎが同じ男のコとの相性が◎。習いごとや、スポーツ観戦などで出会いがありそう♡

④を選んだコは…
クラスメート
社交的で行動的なあなただけど、恋のチャンスは身近なところに!?　クラスの男のコをチェックしてね。

じめじめの梅雨は雨の日ファッションでハッピーにすごそ♪

ユーウツな梅雨の時期も、雨の日ならではのファッションを楽しめれば、グッとハッピーになるはず♪

テク① レインブーツでおしゃれに♥

おしゃれなレインブーツをはけば、水たまりだって怖くないよ☆

ロングタイプ

ロングのブーツで足長効果もねらえちゃう♥

POINT
ブーツのカラーに合わせて、カジュアルなブルゾンをチョイスしたよ♪

ショートタイプ

雨の日も元気いっぱい！ビビットな足もとでレッツ・ゴー★

POINT
チュールスカートで軽さを取り入れつつ、赤いブーツでコーデを引きしめました！

6月のプチ情報
6月の誕生花はバラ。「愛」や「美」などの花言葉があるよ。

テク2 かわいい雨具で気分をアゲよ⤴⤴

かさやレインコートは、お気に入りの柄や色のものを選ぼう！

かさ
カラフルなかさは、持っているだけで気分が明るくなるんだよね♪

レインコート
セーラー服みたいなデザインのおしゃれなレインコートもあるんだって！

TALK ROOM♥

ありさ
しずくの、ラベンダー色のかさ大人っぽ～いっ♡

しずく
ありさのオレンジかさも、明るくてステキだね♡

Spring 春 6月 コーデ♪

テク3 はなやかな色で楽しく♪

梅雨どきは、どうしても気分がブルーになりがち。だからこそ、モノトーンや寒色の服ではなく、はなやかな色の服を着よう！気持ちも明るくなるよ♡　ぬれたとき、意外とシミも目立ちにくいの♪

お気に入りの柄ワンピ着ちゃおうかなっ♪

カラフルなカサのもようにも大ちゅーもく♥

POINT
かさ柄のキュートなワンピースが主役。雨の日もハッピーモード♪

ふうう★勉強がはかどりそう。テストでいい点とれちゃうかも！

髪の悩みは正しいヘアケアでまるっと解決！

うるうる&ツヤツヤの髪のコってあこがれちゃうよね♡
正しいヘアケアで髪をキレイにキープして、美人度をUPしよ♪

4つの基本テクを正しいやり方で行おう！

毎日行うヘアケア！　まちがったヘアケアは、髪にダメージを与える原因になるよ。基本のヘアケアは、①シャンプー、②コンディショナー、③ドライ、④ブラッシングの4つ。それぞれ、正しいやり方をおさらいしよう！

TALK ROOM ♥

うた
髪を乾かさないで寝ちゃったから、寝グセすごい〜！

ガク
髪がいたむ原因になるんだろ？
ほら、お前の寝グセ直し。

用意したい基本のヘアケアアイテム

シャンプー

頭皮の汚れや、余分な皮脂を落とすために。髪質に合ったものを選ぼう。

コンディショナー

髪の表面を保護！髪の内部の状態を整えるトリートメントと使い分けてね。

ブラシ

目が粗いものを選ぼう。目が細くやわらかいものは、髪のツヤ出しに◎。

ドライヤー

髪を乾かすときに必須だよ。風量が多いものを選ぶと、速く乾くからおすすめ。

6月のプチ情報
6月の第三日曜日は父の日。お父さんに感謝し、黄色いバラをおくる習慣があるよ♪

基本テク ① シャンプー

毎日行うシャンプー。洗い残しがないように注意してね！

> Spring 春 6月
> ヘアケア♪
> ふつう★ コツコツ努力すれば、結果は必ずあらわれるよ！

1.最初に髪全体をすすぐ
いきなりシャンプーをつけず、最初にぬるま湯で髪全体をすすぐよ。すすぎ洗いをすることで、髪の表面の汚れがとれるんだ。

2.シャンプーで髪を洗う
手のひらに適量のシャンプーをとり、泡立ててから髪にのせよう。泡を頭皮に行きわたらせながら、指の腹を使って洗ってね。

3.洗い残しに注意しよう！
額の生えぎわ、耳のまわり、えり足、頭頂部〜後頭部あたりは、洗い残しをしやすいところ！　意識して洗っていこう。

4.しっかりすすごう
最後に、ぬるま湯でシャンプーをしっかりすすぐよ。3の洗い残しやすいところは、すすぎ忘れも多いから、気をつけてね。

基本テク ② コンディショナー

シャンプーで頭皮の汚れを洗ったら、コンディショナーで髪を保護しよう！

1.毛先から なじませる
コンディショナーは頭皮にはつけず、毛先を中心になじませていくよ。

2.3分ほど 置いておく
タオルを巻いて3分ほど置くと、コンディショナーが髪に浸透するよ。

3.しっかりと 洗い流す
ぬるま湯で、髪からぬるつきがなくなるまで、しっかりすすいでね。

基本テク ③ ドライ

髪をぬれたままにすると、ダメージの原因に。ドライヤーで乾かそう！

1.まずは タオルドライ
最初に、タオルで髪の水分を吸いとるよ。ゴシゴシ拭くのは絶対ダメ！

2.前髪や根もと から乾かす
前髪＆根もとからドライヤーを当てると速く乾くよ。ダメージもおさえられる！

3.毛先まで 乾かす
最後に毛先にドライヤーをあて、ササッと乾かそう。これで完了！

6月のプチ情報
雨がたくさん降るこの時期を梅雨（つゆ）と呼ぶよ。冬の冷たい気圧と夏のあたたかい気圧がぶつかって、雨が多く降るんだ！

基本テク 4 ブラッシング

髪を乾かしたら、最後にブラシをかけてツヤ出しを！

1. パサつくときはケアをして
髪の状態が悪いときは、ブラシをかける前に洗い流さないトリートメントをつけて。

2. 毛先からブラッシング
最初に、からまりやすい毛先からブラシをかけるよ。やさしくね！

3. 全体をブラッシング
毛先がきれいにととのったら、全体にブラシをかけて仕上げよう！

Spring 春 6月

ヘアケア

いい日★恋愛運アップ！ カレもあなたと話したがっているよ♥

POINT

ブラシはこまめに洗おう

ヘアブラシに、髪の毛やほこりがついていない？ 汚れたブラシを使うのは、髪に汚れをつけているのといっしょ！ 髪にダメージを与えてしまうこともあるよ。こまめに洗って、清潔な状態を保とう！ ブラシによって洗い方も変わるけど、ここではナイロン製のブラシの洗い方を紹介するよ。洗う前に、指でブラシについた髪の毛やほこりを取りのぞくことを忘れずに。

洗面器にたっぷりの水とシャンプーを5プッシュくらい入れ、軽く混ぜて泡立ててね。泡立った洗面器にブラシを入れ、ひと晩つけ置き！ シャワーでシャンプーを洗い流し、乾かせばOKだよ。

くずれたヘアアレ お直しテク

お直しのテクを学んで 一日中かわいい髪型をキープ♥

朝きっちりヘアアレンジをしたのに、休み時間や体育を終えると、髪がボサボサ……なんて経験があるコも多いんじゃないかな？ さらに、湿度が高い日は髪型がくずれやすい、って悩んでいるコも多いみたい。そこで、くずれたヘアアレをパパッと直す3つのテクニックを紹介するよ♪

わたしクセっ毛だから梅雨はヘアアレが決まらないの〜！

JSに聞きました！
ヘアアレがくずれるのはどんなとき？

「直さなきゃ〜」って焦っちゃう3つのシーンは？

1位 体育のあと

たくさん動いたあとは、どうしてもヘアアレがくずれちゃうんだよね……。

2位 梅雨は毎日…

梅雨の時期は、湿気が多くて髪がうねる！ だから、ヘアアレもすぐくずれちゃう。

3位 風が強い日

強い風で、せっかくのヘアアレがボサボサ！ 登校直後に大くずれしちゃうことも。

（編集部調べ）

昔は梅雨のことを五月雨（さみだれ）とよんでいたよ。旧暦の5月ころに降る雨という意味なの。

ヘアアレお直しテク3パターン

テク1. 完全お直しはざっくりポニーで！

あえてまとめすぎないのがおしゃれだよ♥

髪全体がくずれてしまったら、一度すべてほどいたほうがよさそう。でも、ヘアアレのクセがついているから、下ろしたままにもできないよね。そんなときは、ポニーテールにするのがおすすめだよ。おくれ毛をルーズに出して、あえてざっくりまとめよう。クセを活かしたアレンジだよ。

テク2. うねうね前髪はポンパにしよう！

元気なイメージがUPするポンパ！

クセ&うねりで前髪がイマイチなら、前髪をねじって、後頭部でピンでとめるポンパドールにチャレンジ！

テク3. 帽子のクセは根もとから直す！

根もとに指を入れて髪を起こすイメージ

帽子をかぶって髪がぺたんこになったときは、指を髪の根もとに入れ、前後左右に動かして立ち上げよう。

いい日★スポーツ運UP！休み時間に体を動かして♪

友だちの誕生日パーティーを盛り上げよう！

イベント

一年に一度の誕生日！　特別な日をお祝いするコツやヒントを紹介するよ。友だちに喜んでもらえるとイイネ♪

友だちを招いてお家でパーティー！

友だちの誕生日！　お祝いの言葉を伝えたり、プレゼントをわたすだけでも十分だけど、誕生日パーティーを開いてお祝いすると、さらに喜んでもらえるよ♪　誕生日の友だち本人のお家に招待されることも多いけど、自分の家を飾りつけて、大切な友だちをお招きするのもおすすめ！　ここでは、お招きパーティーのコツを紹介していくよ。

POINT

招待状をつくろう！

誕生日パーティーの招待状をつくって、参加してほしい人にわたそう！　日時や場所、家までの地図、持ちものなどを書いておくとGOOD☆

6月のプチ情報
6月にあげる結婚式のことをジューンブライドといって、幸せな結婚生活を送れるといわれているよ。

ウォールデコでお家をはなやかに！

壁（ウォール）をデコレーションすることを「ウォールデコ」というよ。誕生日パーティーにぴったりのウォールデコを3つ紹介するから、お手本を参考に挑戦してみてね♪

Spring 春 6月

誕生日☺

ウォールデコは両面テープなどで壁に貼ろう！

超ラッキー★ 才能に目覚める日！ いろいろなことに挑戦してみよう！

つくり方 **ウォールデコ**

ケーキ
クリームやいちごでデコレーションして、ごうかなケーキに♪

❶ クリーム色の画用紙でスポンジ部分をつくるよ。3段分つくって。

❷ 画用紙の白でクリーム、赤でいちごをつくろう！

プレゼントBOX（ボックス）
好きな色の画用紙を四角く切って、リボンを貼るだけで完成☆

❶ 画用紙を四角く切るよ。長方形でも台形でもOK（オーケー）。

❷ ❶とはちがう色の紙でリボンをつくり、❶の四角形に貼りつけよう。

ガーランド
ひもがなくても、紙類だけでカンタンにつくれちゃうよ♪

❶ 画用紙や折り紙を3色くらい用意し、同じ大きさの三角形に切るよ。

❷ 黄色の折り紙を細長く切り、❶に貼って最後にウラ返すよ。

クラッカーでつくるパーティーカナッペ

クラッカーを土台に、スイーツ系からおかず系まで、いろいろなカナッペがつくれる♪

材料の分量は入れていないよ。つくりたい分だけ用意してね！

ハム＆チーズ

材料

□ハム　□スライスチーズ
□クラッカー
□かぼちゃの種

① 花型で、ハムとチーズを型抜きするよ。ハムはチーズの2倍用意して。

② ハム→チーズ→ハムの順で重ねよう。上のハムは、中央を丸く抜いてね。

③ クラッカーにクリームチーズを塗り、②とかぼちゃの種をのせれば完成！

キウイ＆パイン

材料

□キウイ
□パイナップル（缶詰め）
□クラッカー

① 花型で、キウイを型抜きするよ。あまった端っこは食べちゃってOK！

② パイナップルを缶詰めから出して水気を切り、包丁で1cm角に切ろう。

③ クラッカーにキウイ→パイナップルの順で重ね、最後にピックをさそう！

ピザ風

材料

□とろけるチーズ
□ケチャップ
□バジル　□クラッカー

① 星型で、とろけるチーズを型抜き。1枚でだいたい4つ星が取れる！

② クラッカーにケチャップをぬり、①をセット。トースターで軽く焼いてね。

③ チーズがとろけるくらいでトースターから出し、バジルをのせたら完成！

6月のプチ情報

太陽が出ている時間がいちばん長い日のことを夏至というよ。毎年6月21日ごろなんだって。

プレゼントはサプライズで！

思いもしないタイミングでプレゼントをわたして、友だちをおどろかせちゃおう！

1.宝さがしゲーム

ミッションやクイズを出して、「すべてクリアするとプレゼントが待っている！」と演出するゲームだよ！

\たとえば…/

① 誕生日のコに、「【026】←これなーんだ?」と書いた紙をわたす。(答え：おふろ)
② おふろに、「昨日話したマンガの3巻！」と書いた紙をセット。
③ ②の答えとなるマンガに、「ひいてもかけても数が変わらないもの、なーんだ?」と書いた紙をセット。(答え：イス)
④ イスの上にプレゼントを置いておく！

2.冷蔵庫にかくそう！

ぷちサプライズだよ。冷蔵庫の中にプレゼントをかくし、誕生日のコに「飲みものを取ってきて」とお願いし、冷蔵庫を開けて見つけてもらおう！

Spring 春 6月 誕生日

\\女子力UPレッスン//

7 ハッピー！パーティーゲーム

パーティーや修学旅行、女子会などなど、みんなで挑戦すると楽しいゲームを紹介するよ☆

古今南北

\\こんなゲームだよ！//

お題に合った言葉をひとつずつ言っていくよ。「NGワード」を言ったコはアウトになるから、スリルも満点！

準備 人数分のペンと、メモ用紙を用意。親をひとり決めてね。

1. 親が、「くだもの」「県」「動物」など、好きなお題を出すよ。
2. 親を含む全員が、言ってはいけない「NGワード」をメモ用紙にひとつずつ書くよ。
3. ひとりずつ順番に、お題から連想される言葉を言っていくよ。
4. NGワードをだれかが言ったら、メモに書いたコは「どーん！」と言ってね。その時点でこのお題は終了。
5. NGワードを書いたコはプラス1点。NGワードを言ったコは、それを書いていた人数分、点数を引かれるよ。
※お題に合わない言葉や、一度出た言葉を言ったコもアウト！ マイナス1点だよ。
6. 親がとなりのコに移るよ。全員が親をやったあと、合計点が高いコが勝利！

6月のプチ情報
6月に旬をむかえるさくらんぼは、太陽に当たるほど甘味がましていくよ！

ランキング

準備 人数分のペンと、メモ用紙を用意してね。

1. だれでもいいから、順位をつけられるようなお題を出すよ。
2. お題が決まったら、どんな順位になるか予想して、メモ用紙に書くよ。順位には自分の名前も入れてね。ただし、競争系のお題で、自分の名前を最下位に書くのは禁止だよ！
3. 全員が書き終えたら、実際にお題の答えを確認して順位を出そう。
4. 自分が書いたランキングと、実際の順位を答え合わせ！　予想とピタリなら3点ゲット！　ひとつちがいなら1点入るよ。お題を変えて何回戦か行い、合計点が高いコが優勝。競争系のお題は、1位になったコにもプラス1点にすると、より盛り上がるよ♪

お題の例

- ペンポに入っているペンの数
- お父さんの年齢が高い順番
- 立ち幅跳びのキョリ
- 目を閉じて片足立ちできる時間
- 目を閉じて10秒カウント。いちばん10秒に近いのは？

こんなゲームだよ！

あるお題について、参加者内で順位をつけるとどうなるか予想するゲーム！　競争系のお題は白熱するよ☆

まあまあ★友だちとの約束、忘れてない？　時間を守ってね！

事件をすいりせよ!

\\ こんなゲームだよ! //

もしも事件が起きたら……!? みんなの反応を聞いて、回答者がもとになった事件が何かをすいりするゲームだよ。

準備 人数分のペンと、メモ用紙を用意。探偵役をひとり決めてね。

1. 探偵以外の全員でお題（事件）を決めて、メモ用紙に書くよ。
2. 探偵以外の全員が、お題となる事件が起きたときどんな反応をするか考えて、メモ用紙に書きこもう。
3. 全員が書き終わったら、ひとりずつ反応を読みあげよう。
4. 探偵は、ヒントとなる反応を聞いて元になった事件をすいり！ 3回まで回答できるよ。
5. 探偵は、1回目の回答で正解したら3点、2回目なら2点、3回目なら1点ゲットできるよ。さらに探偵は、いいヒントを書いたひとりに、1点を与えられるんだ。全員が探偵として回答したらゲーム終了。最後にいちばん合計点が高かったコが優勝だよ。

お題の例

- もしもテストで0点とったら？
- もしも宝くじが当たったら？
- もしも子犬をひろったら？
- もしも怪獣が攻めてきたら？
- もしも○○が目の前にあらわれたら？（好きなアイドルや怖い先生の名前を入れよう！）

6月は一年の中で唯一、祝日がない月なんだよ。

夏

＼ワクワク☆お楽しみの季節／

夏休みを120％楽しむためのテク♥

ワクワクの予定が盛りだくさんの夏！ 夏休みを最高に楽しむテクをレクチャーしちゃうよ♪ ぜーんぶ試して、最高の夏にしよっ☆

夏コーデは主役アイテムを決めよう！

夏コーデのポイントは、なんのアイテムをメインにコーデするかだよ♪
まずはいちばんのお気に入りアイテムを選んでみよう！

Q 夏コーデは何を主役にしたい？

ワンピース

>> **p.95** をチェック！

パンツ

>> **p.96** をチェック！

トップス

>> **p.97** をチェック！

サンダル

>> **p.98** をチェック！

帽子

>> **p.99** をチェック！

7月のプチ情報
7月の和風月名は文月（ふみつき）。書道の上達を願う七夕の行事にちなんでいるといわれているよ。

ワンピース

トップスとスカートがつながったアイテム。1枚でコーデが完成しちゃうから、着こなしに自信がないコにもおすすめの超便利アイテムだよ！ お気に入りのワンピースを見つけてね♪

Summer 夏 7月 コーデ

♥オフショル

オフショルワンピならガーリーでもヘルシー見せが叶う！

♥リゾート柄

ゆったりシルエが大人っぽい♥

POINT
リゾ柄ワンピは夏にぴったり！ 存在感ばつぐんだから、小物はひかえめにしてね。

これもおすすめ

ガーリーさがUPする、肩まわりのゆったり感が◎。

ほどほど★朝寝ぼうに注意！ 目覚ましをよく確認しよう！

これもおすすめ

肩ひもタイプのワンピはかわいらしさを演出できる♪

POINT
ティアードワンピがはなやか♡ ビビッドカラーのポーチでコーデを引きしめ！

♥えり付きワンピ

ドッキングワンピなら1枚でおしゃれ度急上昇♪

POINT
フリルがてんこもり！ カンカン帽を合わせてキュートに着こなそう♪

これもおすすめ

デニシャツワンピは、アウターにも使えるの。

パンツ

夏のイベントやアウトドアに欠かせないパンツ。ボーイズライクなコーデだけでなく、着こなししだいでいろいろなテイストになるの！ この時期ならではのカラーや柄にも挑戦してみて♪

♥ガウチョ

ホワイトガウチョできわやか＆大人っぽく！

POINT
ガウチョは、足長＆細見せが叶うアイテム！ トップスはすっきりめを意識して。

これもおすすめ

アイボリーはどの色のトップスにも合わせやすいの！

♥ショーパン

POINT
カジュアルなデニムショーパンは、太めのベルトでおしゃれ度をUPしよ☆

デニムのショーパンにはお気にのベルトをON！

♥プリントデニム

ハデなプリントデニムにはスニーカーがマッチ♪

ロック柄スキニーでコーデをクールにまとめちゃお！

POINT
フルーツも夏にイチオシの柄♪ パフスリトップスで甘さもちょい足し！

スカパンは動きやすさとかわいさのいいとこどり！

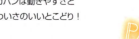

7月のプチ情報
7月を英語でJuly（ジュライ）というよ！ ローマの最高権力者・ユリウスが語源になっているんだって♪

トップス

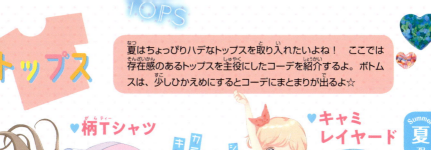

夏はちょっぴりハデなトップスを取り入れたいよね！ここでは存在感のあるトップスを主役にしたコーデを紹介するよ。ボトムスは、少しひかえめにするとコーデにまとまりが出るよ☆

夏 Summer コーデ

♥ 柄Tシャツ

カラフルな柄TシャツはデニムやキャップとTシャツは好相性！

シンプルなコーデをONキャミでイマドキに♡

♥ キャミレイヤード

POINT
キャミをTシャツにONする着こなし。Tシャツは、シンプルなものを選んで。

〜これもおすすめ〜

レースキャミを重ねれば姉っぽガールに大変身♡

〜これもおすすめ〜

フルーツ柄のトップスでフレッシュに、ハデに！

♥ サマーニット

POINT
サマーニットは、大人っぽい着こなしが◎。ハデめアクセで遊びゴコロも♪

細身のパンツで長い目もクールに決めよっ

まあまあ★笑顔を心がけると、気持ちが明るくなるよ★

POINT
リボンやハートのモチーフを盛りこんで、ガーリーポップなコーデにしたよ♪

〜これもおすすめ〜

3色ボーダーでマリン風コーデはお手のもの！

SANDALS

サンダル

夏に欠かせないアイテムのサンダル。いろいろな種類があるから、どれを選べばいいか迷っちゃうよね！ 夏におすすめの3種のサンダルと、はきこなしテクを大紹介するよ♪

♥ストラップつき

細身のストラップが足首をきゃしゃ見せ♥

♥スポサン

夏っぽさナンバーワン！どんなコーデにもマッチ♥

POINT
スポサンは、コーデを夏っぽくしてくれる！ ソックスと合わせてもかわいい♡

これもおすすめ！

オフホワイトのサンダルでさわやかさをプッシュしよ♪

これもおすすめ！

大粒のストーンがついたエスニック風サンダル！

♥あみあげ

ガーリーコーデにマッチするあみあげサンダルのとりこ♥

POINT
シンプルな白ワンピに、あみあげサンダルを合わせてゆったり仕上げたよ！

これもおすすめ！

POINT
クールなオールインワンには、ブラウンのサンダルを合わせてとことん大人に♡

リボンがあしらわれているから、コーデがキュートな雰囲気に♪

7月のプチ情報
6月22日～7月22日生まれのコはかに座。友だち思いでとってもやさしく、お嫁さんにしたいコナンバー1♥

帽子

帽子は、かぶるだけでコーデの雰囲気が変わるくらい重要なアイテム！ おしゃれだけじゃなく、紫外線対策にも必須（114ページ）だから、夏の外出時はできるだけかぶるようにしてね。

Summer 夏コーデ

♥キャップ

POINT
ロゴTやライン入りソックスのスポコーデには、キャップがマッチするよね♪

JSのマストアイテムキャップを主役にピース！

これもおすすめ！

ヤンチャ&かわいいねこ耳つきのキャップだよ！

ラッキー★ 出かけた先で、偶然好きな人に会えちゃうかも♥

♥カンカン帽

カンカン帽×ワンピースでガーリーに！

これもおすすめ！

レースがかわいすぎ♡ガーリーに決まるよ！

POINT
花柄のガーリーワンピに合わせて、ザ・避暑地スタイルの完成だよ☆

♥マリンキャップ

超・定番！マリンコーデと合わせて♪

POINT
セーラーカラーのマリンTと合わせれば、せいそ系マリンガールに変身！

マリンコーデだよ♥

これもおすすめ！

ナチュラルなキャップでさわやか&かわいく♡

エクササイズでスラッとボディをGETしよう!

肌を出すことが多くなる夏は、どうしても体のパーツが気になる……!
そんなお悩みを解消する、部位別のエクササイズを紹介するよ♪

Q どんなスタイルを目指したい?

チェック1
- □ 写真写りがよくなりたい!
- □ 小顔だねって言われたい!
- □ 目をぱっちりさせたい!

チェック2
- □ ノースリーブをおしゃれに着こなしたい!
- □ きゃしゃに見られたい!
- □ 首まわりをすっきりさせたい!

チェック3
- □ モデルみたいな美脚になりたい!
- □ ショーパンが似合うようになりたい!
- □ いろいろなくつをはきこなしたい!

チェック4
- □ スキニーが似合うようになりたい!
- □ 全身を引きしめたい!
- □ やせやすい体になりたい!

チェック5
- □ ウエストをキュッとさせたい!
- □ ハイウエストなパンツがはきたい!
- □ 姿勢をよくしたい!

》 チェック1 が多かったコは101ページへ
》 チェック2 が多かったコは102ページへ
》 チェック3 が多かったコは103ページへ
》 チェック4 が多かったコは104ページへ
》 チェック5 が多かったコは105ページへ

7月のプチ情報
7月の誕生石はルビー。石言葉は「情熱」だよ。持ち主を守ったり、勝利を引き寄せるパワーがあるんだって!

チェック1 が多かったコは

フェイスラインをすっきりさせよう！

手軽にできるストレッチで血行を改善！
顔の輪郭がすっきりするうえに、目もぱっちりするんだって♡

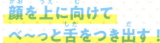

夏 Summer 7月

エクササイズ

顔を上に向けてべ〜っと舌をつき出す！

両腕を胸の前でクロスして上を向いたら、舌を思い切りべ〜っとつき出して10秒キープしよう。首すじが伸びているのを感じたら、効果が出ている証拠だよ♪

舌はなるべく真上に向かって伸ばしてみてね！

ふつう★ 友だちのいいところを探してみるのがGOOD♪

カンタン！ 小顔マッサージ

お風呂上がりや、朝の洗顔後におすすめ！ 顔のリンパ（272ページ）を流してすっきり見せるマッサージを紹介するよ♪

1
眉間からこめかみのリンパを流すよ。人さし指と中指、薬指の3本でプッシュしてね。クリームなどを使って、肌をキズつけないようにしよう！

2
ほお骨の下から耳の下までのラインをやさしくさすってね。耳の下はとくにリンパがつまりやすいので念入りに。

3
最後に首のリンパを鎖骨まで流して終了！ この手順を2〜3回くり返して♪

チェック2 が多かったコは

二の腕をほっそり引きしめよう!

腕を出すと、ぷにぷにした二の腕が気になる……!?
そんなときにおすすめのエクササイズを2つ紹介するよ!

肩甲骨

腕をまっすぐ伸ばしてくるくる回すだけ!

足を肩幅に開いて両腕をまっすぐ横に伸ばすよ。その状態から手のひらを外側に向けて、左右の腕をくるくる回そう。後ろから前に向かって10回、前から後ろに向かって10回×3セットくらいやってみてね! 肩甲骨のあたりから腕を動かすイメージで行うとさらに効果的☆

POINT

腕が下がらないように注意!

疲れてくるとだんだん腕の位置が下がってきてしまうので、しっかり真横に伸ばすことを意識してみよう!

背面腕立て伏せで背中もいっしょにすっきり!

体育座りの状態から後ろに手をついておしりを上げよう。おしりを浮かせたまま ゆっくり腕を曲げ、あおむけで腕立てをしていくよ。脇をなるべくしめて行うと効果テキメン!

チェック3 が多かったコは

足をスラリとさせよう！

みんながあこがれるのはやっぱりスラリと長い足！
ベッドの上でカンタンにできるエクササイズで美脚をGETしちゃお☆

Summer 夏 7月

エクササイズ

ラッキー★ 動物とふれ合うと、ラブ運と友情運がアップしそう！

テレビを見ながらでも
できちゃうね…！
最初から無理をしないで、
ちょっとずつ回数を
増やしていってね！

寝る前5分！
かわいいポーズで足をパタパタ♪

うつぶせになってほおづえをついた体勢からスタート！　前を向いたまま足をパタパタさせておしりをリズミカルにたたくよ♪　30〜100回を目安にやってみよう！

エア自転車こぎで
下半身全体をすっきり！

床にあおむけに寝転び、腰から先をぐっと上げるよ。両手でしっかり腰を支えたまま、20回、自転車のペダルをこぐ動きをしてね。ゆっくり息を吸ったり吐いたりしながらやってみると、さらに効果が高まるのでおすすめ☆

床がかたくて痛いときは、
マットやタオルを敷いて
やってみよう♪

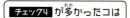 チェック4 が多かったコは

おしりをキュッと上げよう！

ヒップアップに効果的なスクワットに挑戦！
おしりの筋肉は体の中でもとくに大きいから、効果が出やすいよ♪

足を肩幅に開いて深呼吸しながらスクワット！

まずは足を肩幅に開いて、背すじを伸ばして立とう。両腕をまっすぐ前に伸ばし、肩の力は抜いてリラックスしてね♪

太ももの内側をきたえたいときは、つま先を外側に向けてみよう♪

POINT

 前に出ないよう注意！

ひざを前に出しすぎると、ケガの原因になるので注意！ ひざを曲げることよりも腰を落とすことを意識してみよう☆

息を吐きながらゆっくり腰を落としたら、その姿勢で3秒キープ！ 今度は息を吸いながら立ち上がってね。まずは20～30回を目安に挑戦しよう。

 7月のプチ情報

7月7日は七夕の節句（たなばたのせっく）だよ。短ざくに願いごとを書いて、ささの葉に飾ろう♪

> チェック5 が多かったコは

お腹をペタッとひっこめよう！

水着を着る機会が増える夏は、ぽっこりおなかが気になる……!?
毎日のエクササイズで急いで解消しなきゃ！

夏 7月

エクササイズ♪

ふつう★CDショップで新しい発見があるかも…!

体を一直線にしてキープ！

つま先を床に立てた状態でうつぶせになったら、上半身を起こして腕を床につけよう。左右の腕とつま先の4点で体を支えるよ。頭のてっぺんからかかとまでが一直線になるようにしてね。最初のうちは30秒キープすることを目標に、じょじょにキープする時間を増やしていこう！

POINT
ひじの角度は直角にしよう！
ひじの位置が肩の真下にくるように意識すれば、ひじの角度が直角になるよ♪

1

あおむけでひざを立て左右に倒す！

まずはあおむけに寝てひざを立てるよ。次に両ひざを右側に倒し、首は左を向いた状態で10秒キープ！　一度もとの位置に戻してから、今度は反対側も同様にやってみよう！

2

ひざを倒すときは、肩や背中が床から離れないように注意しようね♪

== やりすぎはNG！ ==

スタイルがよくなりたいからといって、体重を落とすために食事を抜くのは絶対にダメ！　必要な栄養をきちんととらないと、肌が荒れたり、成長が止まったりしてしまうこともあるよ。体重を落とすことにとらわれず、コツコツとエクササイズをつづけてメリハリボディを手に入れよう♪

女子力UPレッスン 8 ショート向けヘアアレ術

ショートヘアだってかわいいアレンジはたくさんあるよ♪

ヘアアレというとロングのコがするイメージかもしれないけど、髪が短くてもできるアレンジはいろいろあるの♪ ショートのコでも、ちょっとの工夫で印象がガラリと変わるよ！ ショート向けのヘアアレテクを覚えて実践してみてね☆

わ〜♡
どれもかわいぃね！
これならわたしにも
カンタンにできそう！

JSに聞きました！ ショートヘアのお悩みは？

髪の短いコがどんなことに悩んでいるのか調査したよ♪

 寝グセがついちゃう
まとまりにくいショートヘアは、とくに寝グセがつきやすいみたい……。

 いつも同じ髪型になっちゃう
ヘアアレのバリエーションが少ないことに悩んでいるという声が多かったよ。

 すぐに伸びてきちゃう
少し伸びてきたら切りたくなってしまうというコが多いみたい……！

（編集部調べ）

1. クロスヘアピン（テク）

アメピンを使ったカンタンアレンジだよ♪
色のついたピンを使うとさらにかわいい！

\\やってみよう//

1
髪全体を手ぐしで整えたら、どちらかのサイドの髪を耳にかけてね。

2
耳の上あたりの髪を押さえながらアメピンをさそう。2本のピンを交差させるとかわいいよ♡

できあがり♥

いい日★ あなたの一言で、問題が解決しちゃうかも♪

おすすめテク
寝グセなおしにも最適！
寝グセは髪の根もとについていることがほとんど。根もとをぬらして、ハネた毛先をピンでとめれば、寝グセなおしもカンタンだよ。6本のピンで星マークにするのもGOOD♪

2. くるりんぱみつあみ

みつあみにひと工夫♪　前髪の雰囲気が変わると、
それだけでかなりのイメチェンになるよ！

やってみよう

1. 前髪を含むトップの毛をサイドで
しばって、1回くるりんぱするよ。
（くるりんぱのやり方は38ページを見てね！）

2. 残りの髪はみつあみをしよう。
あみ終わったら毛束を少しずつ
ほぐしながら形を整えて、最後にゴム
の上からリボンを結べば完成！
（みつあみのやり方は39ページを見てね！）

できあがり♡

3. サイドリボン

サイドの毛を2回結ぶだけ！　あっという間にガーリーヘアが完成♡

やってみよう

1. まずは耳より上の毛を1束、
細いゴムで結ぼう♪

2. 1で結んだ毛束といっしょに
耳の上あたりの毛をゴムで結
ぶよ。耳の横くらいの位置で結ぶ
とかわいい！　最後にゴムの上に
細めのリボンを結べば完成！

できあがり♡

7月のプチ情報
海開きがいちばん早いのは、小笠原諸島の父島と母島。なんと1月に海開きをするんだって！

4. ねじりんぱMIX

くるりんぱをちょっぴりアレンジ！ 話題のねじりんぱをレクチャーするよ☆

1 左右のサイドの毛をねじって、後ろで1つに結ぶよ。このとき、ねじりがとれないように注意してね！

2 結んだ毛束をくるりんぱすれば完成！ シーンに合わせてヘアアクセをつけてもかわいいよ♪

できあがり♥

上級テクニック

上下に2段くるりんぱをつくれば、さらにゴージャス感UP♡ 発表会やお呼ばれの日にもぴったりのアレンジだよ！

ふつう ★ センスアップ♪ 今日はコーデがきまりそう♥

テストもバッチリ！ノートの取り方をマスターしよう！

デキるJSはノートの取り方だって手を抜きません♡
テスト勉強にも使えるように、わかりやすいノートをつくってね♪

かわいさよりも見やすさ重視！

手紙やカードなどとちがって、ノートを取るときはかわいさよりもわかりやすさを重視しよう！　たくさんのペンを使ってカラフルにするよりも、色は3色くらいにしぼって各色の役割を決めておくことが大切だよ♪

TALK ROOM♥

うた
うわ～ん!! テスト勉強しなくちゃなのに、ノートに何書いてあるかわかんない！

ありさ
うたのノート、まわりをデコってばっかりで、肝心の内容が書かれてないね…。

しずく
授業のノートはかわいく仕上げようとしなくていいんだよ。あとで見返したときにわかりやすいのがいちばんなんだから♪

7月のプチ情報
7月25日はかき氷の日だよ。かき氷の別名「夏氷」のゴロ合わせで決まったんだって♪

優等生ノートのポイントをチェック！

見やすいノートにはポイントがあるよ！
次のページからは各ポイントを詳しく解説するよ☆

Summer
夏
7月
ノート

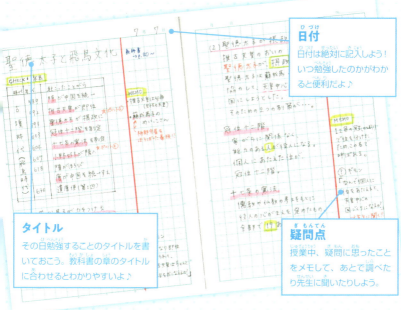

日付
日付は絶対に記入しよう！いつ勉強したのかがわかると便利だよ♪

タイトル
その日勉強することのタイトルを書いておこう。教科書の章のタイトルに合わせるとわかりやすいよ♪

疑問点
授業中、疑問に思ったことをメモして、あとで調べたり先生に聞いたりしよう。

まあまあ☆ 友だちにごかいされちゃうかも。すぐにあやまって！

イラスト
教科によっては、画像やイラストを使ってまとめるとわかりやすいよ！

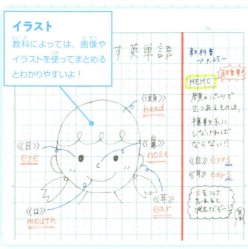

とってもわかりやすくまとまっているね！
大切なことはマーカーで囲ってあるんだ〜！

ポイント① ていねいな字で書こう

何よりも大切なのがていねいな字で書くこと！ 授業の復習やテスト勉強のときなど、何度も読み返すものだからこそ、キレイな字で書くことを心がけよう♪

これはNG！

友だちに送る手紙で使うデコ文字は、ノートを取るときには向かないよ。

ポイント② 大切なことは色を変えよう

ノートに記録したなかでもとくに大切なことは、色つきのペンで書くようにしよう。先生が色のちがうチョークで黒板に書いたことや、何度も強調していたことは重要なポイントだよ！

先生が「テストに出るぞ〜」と言っていたことは必ず赤いペンで書くようにしているよ♪

POINT おすすめ3パターン

あいうえお
文字そのものの色を変えると、その部分が強調されてわかりやすいよ！

あいうえお
鉛筆で書いた文字を色ペンで囲む方法。文字をふせんで隠せば、復習テストにも役立つよ♪

あいうえお
先生が黒板の文字にあとから線を引いたときなどは、マーカーで上からなぞればOK！

7月のプチ情報
7月1日から1か月間、日本三大祭のひとつである「祇園（ぎおん）祭」が京都で行われるよ。

ポイント3 ノートを線で区切ってみよう

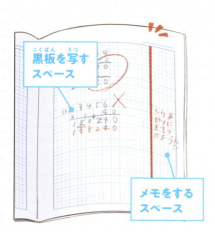

ノートの右側に縦線を入れて2つに区切って、メモ欄として使うのがおすすめ！ 自分が思ったことや先生に質問したいこと、ちょっとしたことをメモするのに使おう♪

Summer 夏月 ノート

POINT
メモしておくと便利なこと
★教科書のページ数
★先生に質問したいこと
★難しい用語や漢字
★出された宿題 etc.

正しい日焼け対策 で美肌をキープ！

夏の肌トラブルでいちばん多いのが日焼け！　日差しが強い季節も美肌をキープするために必要なUVケアを覚えよう♪

どうして日焼けをしてしまうの？

日焼けとは、太陽の光による皮ふのやけどのこと。やけどをした皮ふは、赤くなったり、水ぶくれになったりするよ。このとき、やけどをした肌は紫外線（太陽の光に含まれている目に見えない光線）から肌をガードするために表面の皮ふを黒くしてバリアをつくろうとするの。これが日焼けのあとに肌が黒くなる原因だよ。

POINT

日焼けを防ぐには…

1 日焼け止めをきちんとぬる

少しの間でも、外に出るときは日焼け止めを必ずぬるようにしよう！　正しい日焼け止めのぬり方を右ページでチェックしてね♪

2 上着やタオルで日光をさえぎる

肌を直接日光に当てないことがいちばん！　だけど、気温が高い日に無理に上着をはおって熱中症にならないように注意して。

7月のプチ情報
かき氷の歴史はとても古く、平安時代には似たような食べものがあったそう。明治〜昭和にかけて一般に広まったよ♪

日焼け止め選びのポイントをチェック！

PAとSPFって？

どちらも日焼け止めの強さを表す数値だよ。数値が高くなるほど紫外線をよりカットできるけど、その分肌への負担も大きくなってしまうの。その日の予定に合わせて、ぴったりな日焼け止めを選んでみてね♪

POINT

PA
肌の弾力をうばい、シミなどの原因になる「紫外線A波」を防ぐパワーの数値。+の数が多いほどパワーが強いよ！

SPF
肌の表面を焼いて赤くする「紫外線B波」を防ぐパワーの数値。数字はパワーの持続時間を表していて、SPF1につき15〜20分の効果があるよ！

夏月 UVケア♪

ラッキー★心友ってよべるコが出現する予感だよ！

シーンに合った日焼け止めを選ぼう

毎日の通学
PA…+〜++
SPF…10〜20

外で遊ぶ
PA…++〜+++
SPF…20〜30

海やプールへ行く
PA…+++〜++++
SPF…30〜50

こんなアイテムもおすすめ！

日焼け止めクリームにプラスして使えば、さらに効果が期待できるよ！

スプレータイプ
外出先でも手を汚さずにスプレーできて便利だよ！

シートタイプ
かさばらないので、お出かけのときはバッグに入れておきたい♪

パウダータイプ
日焼け止めの上から軽くはたくと、ベトベトが気にならなくなるよ！

日焼け止めをぬってみよう！

FACE

顔はパーツごとに分けてまんべんなくぬりのばそう

おでこ、鼻、左右のほお、あごの5か所に日焼け止めをのせたら、1か所ずつていねいにのばしていくよ。顔全体にまんべんなくぬれたら、最後に首すじまでのばしてなじませよう。

一本線を描いてからくるくるとぬり広げる

まずは腕のつけ根から手の甲まで、一本線を描くように日焼け止めをのせよう。次にくるくると円を描くようにぬりのばしていくよ。足も同じようにぬろう。

BODY

腕の内側は意外と忘れがちだから気をつけて。まんべんなくぬらないと、まだらに日焼けしちゃうよ！

7月のプチ情報　いよいよプール開きの季節！　プールは1面、2面と数えるって知ってた？

UVケアお悩みなんでもQ&A

Q. くもりの日は日焼け止めをぬらなくていい?

A. くもっていても、紫外線は降りそそいでいるの！ たとえ太陽が出ていなくても、外出するときは日焼け止めをきちんとぬろう♪

Q. うっかり焼けちゃったら?

A. 日焼けをしてしまったときは、まずは焼けたところをよく冷やそう。日焼けのアフターケアについては178ページを見てね！

Q. プールに入ったら日焼け止めは落ちちゃうの?

A. 水で落ちるタイプの日焼け止めだと、プールに入ったら効果がなくなってしまうよ。プールのときはウォータープルーフタイプの日焼け止めを選ぼう！

Summer 7月 夏 UVケア

ほどほど★集中力がつづかないときは、時間を決めて取り組もう！

お顔の悩みをズバッと解決！

思春期はとくに顔のトラブルが増える時期

小中学生のうちは、ニキビが増えたり、肌が脂っぽくなっちゃったりとお顔のトラブルがとくに多くなる時期なの。成長するにつれて少しずつトラブルは減っていくけど、少しでも早く改善できるように正しいケアの方法を覚えておこう♪

わたしは体育のあとに顔がテカテカしちゃうのが気になるな〜。

JSに聞きました！
お肌の悩みって何？

その他・なし
カサカサ
毛穴のポツポツ
ニキビ
テカテカする

ほとんどのコが肌についての悩みを抱えているという結果に！ とくに多かったのがニキビについての悩みだったよ。次のページからは、みんなが悩んでいるお顔のトラブルの解決法を紹介していくからチェックしてね！

（編集部調べ）

\\これだけは守りたい//
トラブル予防習慣

① ニキビは規則正しい生活でなおす

ニキビを早く治すには、規則正しい生活をすることがいちばん！ 何より大切なのは早寝早起きをすることだよ♪ 規則正しい生活とバランスのいい食事、正しい洗顔をきちんとしていれば、ニキビは少しずつ少なくなっていくよ！

\\チェックポイント//

- □ 夜10時前に寝る
- □ 野菜やフルーツを食べる
- □ 正しい方法で洗顔する

② 唇の皮がむけるときはラップでパック

唇がカサカサしたり、皮がむけたりしちゃうのは、乾燥が原因かも。そんなときはラップパックで唇を保湿しよう。リップクリームをぬってから、適当なサイズに切ったラップを当てて3分キープ！ これだけで唇がプルプルになるよ♡

\\チェックポイント//

- □ リップクリームで保湿する
- □ 週に1回パックをする
- □ 唇をなめない

ブルー★ 今日はじゃんけんでも負けつづきかも…!?

③ 肌が乾燥するときはしっかり保湿を

肌がカサカサしたり、粉をふいたりしてしまうのは肌の水分が足りていない証拠だよ。洗顔後に化粧水で保湿したあと、乳液でうるおいをとじこめてね。くわしい保湿のやり方は218ページをチェックしよう♪

- □化粧水で保湿をする
- □UVケアをきちんとする
- □こまめに水を飲む

④ 肌のテカテカは食生活を見なおそう

脂っこい食べものやお菓子などをたくさん食べていると、皮脂量が増えて肌がテカテカしてしまうよ。野菜を中心としたバランスのよい食事を心がけるようにしよう。また、睡眠不足やストレスもテカテカ肌の原因になるので注意して！

チェックポイント
- □脂っこい食べものをひかえる
- □洗顔後にきちんと保湿する
- □夜10時前に寝る

7月のプチ情報
土用の丑（うし）の日には、うなぎを食べて夏バテを防止するという習慣があるよ！

⑤ 鼻のブツブツは正しい洗顔でケア

小鼻のまわりの黒いブツブツは、じつは毛穴につまった汚れが原因なの。まずは洗顔フォームをたっぷり泡立てて、やさしく洗顔してね。洗顔後は化粧水で肌を引きしめ、開いた毛穴をとじるようにしよう！

チェックポイント

- □ 泡立てた洗顔料で顔を洗う
- □ 洗顔後は冷水で洗い流す
- □ 化粧水で肌を引きしめる

⑥ 産毛が気になるときは専用シェーバーで

口のまわりの産毛は、顔専用のシェーバーでケアできるよ！シェーバーを使ったあとは、保湿を忘れないようにしよう。また、顔の皮ふはとくにデリケートなので、シェーバーを使うときは必ずおうちの人に相談してね！

チェックポイント

- □ お風呂上がりにシェーバーでケア
- □ 肌をキズつけないようクリームを使う
- □ シェービング後は保湿をする

ふつう ★ 家の中をピカピカにすると、おこづかいがもらえるかも！？

シーンに合わせて イベントコーデ を考えてみよう！

夏休みはもうすぐそこ！　楽しいイベントを120％エンジョイするために、シーンに合ったコーデを考えてみよう♪

季節ならではのコーデを楽しもう♪

夏のおしゃれといえば、やっぱり浴衣や水着。夏祭りや海水浴には欠かせないコーデだよね！　夏ならではのおしゃれを楽しむことも、夏休みのだいごみだよ♡

TALK ROOM ♥

うた
夏休み、うちの庭でBBQ大会をしようよ！

ありさ
賛成！　今年はしずくも誘ってみよっか♪　さっそくアウトドアにぴったりなコーデを考えなくちゃ！

POINT

シーンに合ったコーデを考えよう

夏休みになると、旅行に出かけたり、キャンプやBBQなどのレジャーを楽しんだりする機会も増えるよね♪　かわいい着こなしをすることはもちろんだけど、汚れや汗、日焼け対策なども必要！　おしゃれをすることだけにとらわれないで、シーンに合ったコーデを意識してみよう！

夏祭り

お祭り＝浴衣といってもいいくらい、超定番のアイテム。
夏休みはあこがれの浴衣コーデに挑戦しちゃお♡

繊細な花柄で女のコ度増し増し♪ 差し色に黄色をきかせてイキなコーデの完成。

ピュア度120％の桃色でキメッ…♡

浴衣の柄と帯の色を合わせる上級テク☆

大胆なフリルの浴衣でラブリーモード全開♪

Summer
夏
8月
コーデ

ふつう★アウトドアがGOOD！ 山や海に出かけてね♪

POINT
大きなヘアアクセに大ちゅーもく♡
帯じめと同じレッドでまとめたよ！

紺の地に赤帯がはえる♡サンダルを合わせて和洋MIXに仕上げたよ♪

マストアイテム

かごバッグ
浴衣コーデの必需品。巾着や花飾りでかわいくアレンジしよう！

下駄
ちりめんの鼻緒で雰囲気はカンペキ。黒×紅白の大人な配色がGOOD♡

ヘアアクセ
花のモチーフが人気。髪飾りとしてはもちろん、帯に飾るのも◎！

125

海＆プール

海へ出かけたら360度かわいく見られたい！ そんなわがままを叶えてくれる、最強水着コーデを紹介するよ！

海でもプールでも さわやかマリンはハズせない！

でっかいリボンが大人っぽ ビビッドカラーにクギッ♡

1着ご主役級！ オフショル水着が超キュート♡

今日の主役はあみあげマリン♪ デニムとリボンの相性もバッチリ。

ヘルシーなワンピにきゅん！ デコだし×サングラスでおしゃまに♡

マストアイテム

クリアポーチ
人気のスケ素材でトレンドを押さえつつ、防水も叶う優秀さ！

サンダル
裸足のままはけるサンダルは必須！ 洗いやすいビーサンも便利だよ♪

サングラス
とびきりキュートなハートレンズ。小物で遊んでみるのがGOOD☆

POINT
甘さとカジュアルさのバランスが◎。アクセとの相性もこれでカンペキ♡

8月は英語でAugust（オーガスト）。ローマ皇帝アウグストゥスが、自分の名前を月の名前にしたんだって♪

アウトドア

キャンプやハイキングなどのアウトドアのときは、動きやすいスタイルを意識してコーデを考えてみてね☆

POINT
ジャンパー×ワイドパンツ×リュックのコンボで動きやすさバツグン☆

Summer 夏 8月 コーデ♪

アウトドアの日もかわいさは忘れません♥

ほどよいメリハリが◎！スポアイテムを上手に着こなし♪

ちょっとした外イベならヘルシーに足見せ★

ハデ色ソックス×ビビッドなスニーカーをチョイス。目が離せないっ♡

ゆったりガウチョをベルトで引きしめ。大きめリュックがポイント♪

ラッキー★ 友だちにホンネで話してみよう。キョリが近づきそう！

マストアイテム

キャップ
お気に入りの缶バッジをつけてとことんPOPに！夏の必需品♪

リュック
両手があくリュックが◎。たっぷり入る大きめサイズがおすすめ！

ジャンパー
アウトドアに欠かせないジャンパー。スポなコーデも決まっちゃうよ♡

夏をも〜〜っと楽しむ イベント別ヘアアレ 7連発!!

夏と言えば楽しいイベント盛りだくさん！
シーンに合わせたヘアアレで夏イベを120％楽しんじゃおう♪

DAY 1 BBQ大会

BBQ大会の日は髪をまとめちゃえばラクチン☆ サイドのおだんごはキャップとの相性もばつぐんだよ！

つくり方

1 髪全体を片側にまとめてしばり、コームを使って逆毛を立てよう。片方の指で毛先をつまんで、コームを根もとに向かって入れると逆毛が立つよ。

2 結び目に髪の毛をぐるっと巻きつけてピンで固定。おだんごの中心に向かってピンをさすと、くずれにくくなるよ♪

ゆるめのおだんごでこなれ感を演出♥

8月のプチ情報
7月23日〜8月22日生まれのこはしし座。正義感が強く、曲がったことがキライなしし座は、リーダーの素質アリ★

DAY 2 遊園地

楽しみにしていた遊園地に出かける日は、ヘアアレだっていちばんポップに決めちゃおう♪

Summer 夏 8月

ヘアアレ♪

ポンポン＆カラフルゴムで レジャー感たっぷり★

ほどほど★ 欲しいものがあっても、今はガマンが吉だよ。

つくり方

1 髪全体を2つに分けてツインテールにしよう。いつもより高めの位置で結ぶのがおすすめ！

2 毛束の途中をしばってポンポンをつくっていくよ。間隔はあえてランダムにするのがポイント！

3 いくつかポンポンをつくったら、髪をほぐして形を整えて。反対側も同じようにつくれば完成♡

DAY 3 図書館

図書館へ行く日は前髪をサイドに流してすっきりと♪ 勉強もはかどりそうだね!

つくり方

1 前髪を手に取り、みつあみしていくよ。髪を流すほうに向かってあんでいくとGOOD！

2 毛先までみつあみしたら、耳の上あたりでとめよう。飾りのついたピンを使うとかわいい♡

DAY 4 ショッピング

細めのリボンはガーリーさ満点♡ おでこを出した涼しげなアレンジでショッピングを楽しもう！

つくり方

1 前髪を含むトップの髪を半分に分けてゴムでとめてね。左右のバランスが同じになるようにしよう。

2 ゴムの上からリボンを結べば完成！髪の毛全体をゆるくカールさせてもかわいいよ♪

8月のプチ情報
8月の誕生石はペリドット。石言葉は「夫婦の幸福」だよ。心をいやし、前向きになれるパワーを持つ石だよ！

DAY 5 海水浴

とにかく元気な印象になるサイドポニーにハデめなヘアバンドをプラス！ 海水浴はこれでカンペキ☆

ヘアバンドは水着に合わせてチョイスしよう！

Summer 夏 8月

ヘアアレ♪

ブルー★イライラする日。お気に入りの香りでリラックス♪

つくり方

1. 髪をくくる前に、前髪とサイドの毛を少し残しておこう！

2. 残りの髪を全部まとめて、頭のてっぺんよりやや右側（または左側）で結んでね。

3. ヘアバンドをつけたら完成！ 夏らしいカラーや柄のものを選ぶのがおすすめだよ♪

とってもかわいい
すぐにでも
海に行きたいな！

DAY 6 夏祭り

浴衣で出かける夏祭りは、いつもとちがう自分を見せるチャンス！ちょっぴり上級ヘアにチャレンジしよっ♪

すっきりデコ出しして脱・コドモヘア

つくり方

前髪をアップにしてピンでとめる。このとき、前髪にボリュームを出してふくらませてもかわいいよ☆

サイドの毛を少し残し、残りの髪は頭のてっぺんで結ぼう。ゆるまないように注意してね！

毛束をねじりながら結び目にまきつけていくよ。おだんごがくずれないよう、ピンでしっかり固定してね！

大きなヘアアクセがはえそう〜♡ さっそく浴衣に合うアクセを買いに行かなくちゃ！

8月の誕生花はひまわり。「あなただけを見つめている」という、情熱的な花言葉があるよ♥

DAY 7 お呼ばれ

お呼ばれの日は、みつあみでつくるカンタンパーマで出かけよう♪ 前日の夜にやっておいてね！

つくり方

1

髪を少し湿らせてから2つ結びし、さらにみつあみにするよ。毛先まできっちりあんでね！

2

次の日の朝、みつあみをほどけばパーマが完成！ 軽くとかして形を整えたら完成だよ♪

Summer 夏 8月

ヘアアレンジ♪

身近なものでDIY♪ 自由工作に挑戦しよう!

夏休みの課題、工作のテーマはもう決まった? ここでは身近なものでカンタンにできちゃう工作アイデアを紹介するよ!

家にあるものを使っておしゃれアイテムをつくろう♪

アクセや小物など、自分でつくるのは難しそうなアイテムも、身近にあるものを使ってDIYすれば思いのほかカンタンにできちゃうことも! 家にあるものが新しく生まれ変わるのも、DIYの大きなミリョク♡

おこづかいも限られてるし、自分でいろいろつくれたら楽しそう〜♪

DIYって何?

DIYとは、英語のDo It Yourselfの略で、「自分でやる」という意味があるよ。何かを自分でつくったり、リメイクしたりすることをDIYというんだって♪ DIYのメリットは、既製品にはない自分好みのアイテムをつくれること。夏休みにぜひトライしてみよう!

フォトフレームで

アクセホルダー

フォトフレームにスポンジを貼りつければ、あっという間にアクセホルダーに♪ 好みの飾りつけをしてみよう！

=== 用意するもの ===

フォトフレーム
スポンジ、リボン
マスキングテープ
カッター、ボンド

夏 8月 自由工作

ラッキー★ 努力していたことが認められるハッピーな一日だよ！

つくり方

1. スポンジをフォトフレームのサイズに合わせて切り、点線の位置にアクセをさしこむための切りこみを入れる。

2. 切ったスポンジを、ボンドでフォトフレームに貼りつける。上下2段にすると便利だよ！

3. フレームのまわりをマスキングテープでふちどりすると、はなやかになるよ♪ 自由にデコってね！

4. 最後にリボンを貼って完成！ リングやイヤリングなどのアクセを飾るのに使おう！

リボンで ロゼット

太めのリボンで本格的なロゼットに挑戦！ はじめは折り目がつきやすい素材のリボンを使うとつくりやすいよ♪

=== 用意するもの ===

※直径約6cmのロゼット用

リボン（50cm）
さいほう道具
好きなモチーフ
テール用のリボン
ペン、ボンド
縦1cm×横2cmの型紙

型紙をつくっておこう！

厚紙で縦1cm×横2cmの型紙をつくって、真ん中に縦線を入れておこう。この型紙があると作業がラクになるよ♪

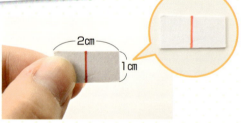

つくり方

1 リボンの裏側に型紙を縦にして当てて、手前から向こう側に1cm幅に折るよ。

2 型紙を抜いて、折り返したリボンの上部を写真のようにななめにずらして。これが1ひだ目になるよ！

3 針に糸をかけて玉止めし、1ひだ目の左下のはしに裏から針を入れて。糸は1本どりでOKだよ♪

8月のプチ情報
8月11日は山の日。山に親しみを持つことを目的としていて、20年ぶりにできた新しい祝日なんだって♪

4

リボンの表側に型紙を横に当てて、リボンと型紙の左はしをそろえて。赤い線までリボンを重ねて2ひだ目を折るよ！

5

型紙を抜いたら、2ひだ目の下部が4で針を入れたところの隣にくるように、ななめにずらそう。

6

2ひだ目の左下の端に、今度は表側から針を入れてぬうよ。これを同様にくり返してね。

7

円になるまでひだをつくり、最後のひだと最初のひだをつなげるよ。

8

よぶんなリボンを切ったら、裏側で玉止めするよ。

9

モチーフ
テール

裏側からテールになるリボンをボンドで貼りつけ、表にモチーフを貼って完成。モチーフは好きなようにつくってね！

夏 8月 自由工作

いい日☆今日はおそうじがはかどりそうだよ♪

POINT
クリップを使おう！

ひだが何個もできるとリボンが不安定になりやすいので、クリップで仮止めしておこう！　作業がしやすくなるよ♪

樹脂ねんどで マカロンイヤリング

夏カラーのマカロンがかわいすぎ♡ 基本のつくり方をアレンジして、いろんなモチーフをつくってみてね！

=== 用意するもの ===

樹脂ねんど（黄色、白）
イヤリング用のパーツ
9ピン、チェーン
計量スプーン、ペンチ
定規、カッター
つまようじ、ボンド

樹脂ねんどはよく練ってから使おう

紙ねんどと同じように、樹脂ねんどもあらかじめよく練って中の空気をぬいておくと、乾燥したときの割れを防げるよ。かたいときは、レンジで少し温めてから使ってね♪

つくり方

1

ねんど（黄色）の半量を丸くする。これがマカロンの上下のうち1つ分になるよ。

2

ねんどを計量スプーンに押しつけて半円をつくろう。

3

半円の平らな面から1mmくらいのところに、カッターで線を入れよう。一周ぐるりと入れてね！

定規などの平らなものを使って、ドーム型の部分を軽くつぶし、平らにしよう。

❸で入れた線から下の部分をつまようじでかき出すイメージで広げていくよ。一周したら、形を整えておいてね！

夏 8月 自由工作

同じものをもうひとつくり、間に白いねんどをはさんでくっつけよう。粘土だけでくっつかないときは、ボンドをぬってね！

POINT

白いねんどは少ない量でOK！

間にはさむクリームの役割をする白い粘土は、ごく少量でOK。量が多いとマカロンが厚くなってしまうよ。

いい日 ★ 友だちと楽しくおしゃべりしてキズナを深めちゃお！

マカロンの上部に、チェーンをかけるための金具（9ピン）をさしこんで。

9ピンにチェーンを通し、その先にイヤリング用のパーツをつけたら完成だよ！

夏にぴったり★ひんやりスイーツ を手づくりしよう！

ひんやり甘〜いデザートが恋しい季節♡
冷たいスイーツを手づくりして夏を乗りきろう！

フローズン ベリーヨーグルト

みんな大好き！ シャーベット状のヨーグルトだよ♪ ざくざくしたベリーの食感がたまらない……♥

プレーンでもおいしいけど、ベリーが入ると彩りもはなやかになってますますおいしそう！

——— 用意するもの ———

※約4人分

プレーンヨーグルト ………300g
砂糖……………………大さじ5
生クリーム ……………100ml
冷凍ベリー ……………100g

8月のプチ情報　海水浴のときによく行われるスイカ割り。もともとは三国志で有名な諸葛亮（しょかつりょう）という人のアイデアなんだって！

つくり方

1. ヨーグルト、砂糖、生クリームの分量をはかり、バットに入れよう。

2. 材料がまんべんなく混ざるようにスプーンでかき混ぜて。混ざったら、ラップをして冷凍庫に入れておいてね。

Summer 夏 8月

スイーツ

3. 30分たったら取り出してもう一度よく混ぜて。これを30分ごと、好みのかたさになるまでくり返していくよ。

4. ヨーグルトがちょうどいいかたさになったら、冷凍ベリーを加えてさらに混ぜて。

いい日 ★ スポーツ運アップ ★ 外で運動するのがおすすめ♪

5. うつわに盛りつければ完成。かたくなりすぎたときは、しばらく常温に置いてやわらかくしよう。

POINT

あまった分はジッパーつきの袋で保存！

ヨーグルトがあまったら、ジッパーつきの袋に入れて平らにし、冷凍保存しておくと、すぐに解凍できて便利♪

カラフル ゼリーポンチ

カラフルなゼリーが入って見た目にもさわやか★　しゅわっと甘い夏にぴったりなスイーツだよ！

== 用意するもの ==

※約2個分

ゼラチン……………………5g
水（ゼラチンをもどす分）…大さじ2
シロップ（ブルーハワイ、いちご、
　メロン、レモン）　………各小さじ1
水……………………………150ml
サイダー……………………400ml
さくらんぼ…………………お好みで

つくり方

1
大さじ2の水でもどしたゼラチンを500Wの電子レンジで20〜30秒加熱し、150mlの水に入れてよく混ぜよう。

2
とかした液を4等分し、それぞれにシロップを加えるよ。混ざったら冷蔵庫で冷やし固めてね。

3
固まったゼリーにナイフでマス目状に切りこみを入れよう。

4
スプーンですくってカップに盛りつけて。好みの配色で盛ってね！

5
ゼリーを盛りつけたら、サイダーをそそごう。

6
最後にさくらんぼを飾れば完成！　ゼリーが光を反射してキラキラ光るよ♪

花火が発売されたのは江戸時代のこと。かけ声でおなじみの「かぎ屋」と「玉屋」で売られていたよ♪

ミルクプリン

暑さを吹き飛ばすような、甘〜いプリンを手づくりしちゃおう！ ミルクとブルーベリーが相性バツグンだよ♪

Summer 夏 8月

スイーツ

用意するもの

※約4個分

牛乳	200ml
生クリーム	100ml
砂糖	大さじ2
ゼラチン	5g
水	大さじ2
ミント、ブルーベリー	お好みで

ふつう★ 積極的に意見を言うと、きっと賛成してもらえるよ♪

つくり方

1 なべに牛乳、生クリーム、砂糖を入れて、ふっとう直前まで泡立て器でかき混ぜながら火にかけよう。

2 1で混ぜた液をボウルに移し、大さじ2の水でもどしておいたゼラチンを加えて。

3 ゼラチンが完全に溶けるまで、泡立て器などでよくかき混ぜよう。

4 混ざったら、プリンの液を容器に入れ、あら熱をとってから冷蔵庫で冷やし固めよう。

5 食べる直前にブルーベリーを飾って完成！

カンタンなのに、お店で売っているプリンみたい〜♪

10 スマホマナーを見直そう

マナーを守って楽しく使おう♪

自分のスマホを持っているコも、おうちの人のものを借りているというコも、スマホを使うときは最低限のマナーは守るようにしよう。電車の中や静かな場所では音が出ないようにすることは当然のマナーだよ☆ そのほか、インターネットを使うときにも注意しなければならないことがあるから覚えておこう！

JSに聞きました！
スマホはどんなことに使ってる？

JSたちのスマホ事情をチェックしたよ☆

1位 SNS

メッセージアプリや写真投稿アプリなどのSNSを使っているコが多かったよ。

2位 ゲーム

スマホでできるゲームがとっても人気みたい。協力プレイをしているという声も。

3位 写真&加工

スマホで撮った写真をアプリで加工するまでが一連の流れなんだって♪

（編集部調べ）

8月のプチ情報
気温が35℃を超えた日のことを猛暑日というよ。25℃以上で夏日、30℃以上では真夏日なんだって。

スマホを使うときの7つのマナー

これらのマナーをしっかり覚えて、きちんとガールを目指してね♪

1 使う時間を守る

夜遅くまでスマホを使っているのはNG！ 目にも肌にもよくないよ。また、スマホに夢中になりすぎて勉強の時間がとれなくなることがないようにしてね。「スマホを使えるのは夜ごはんの前だけ」や「寝る前1時間だけ」などと、おうちの人と相談して決まりをつくっておこう。

2 顔写真や個人情報を勝手にのせない

SNSなどに写真を投稿するときは、写っている人に必ず許可をもらうようにしよう。ほかの人の本名や誕生日、住所などを勝手に公開するのも絶対にダメだよ！ 自分の写真や個人情報であっても、だれでも見られるサイト上にアップしてしまうと、無断で使用されたり、拡散されたりしてしまう危険もあるから注意して！

いい日★ニガテだったコと意気投合！？ 積極的に話しかけてみて！

3 ほかのコの悪口を書かない

SNSにだれかの悪口を書いたり、メッセージアプリでほかのコのことを悪く言ったりするのは絶対にやめてね。どんなにささいな悪口でも、見た人を不快にさせてしまうよ。

4 メッセージは相手のことを考えて

メッセージのやりとりはとても便利だけど、相手の顔が見えない分、ちょっとしたことでごかいが起きやすいの。メッセージを送るときは、受け取った相手にごかいされる表現がないか、相手をキズつけてしまう内容じゃないかをよく考えてから送るようにして♪

5 知らない人とやりとりしない

インターネット上には、ときどき年齢や性別を偽っている人もいるよ。そういう人とのやりとりで犯罪に巻きこまれてしまうケースも増えているの。ネットで直接やりとりをしたり、実際に会ったりするのは絶対にやめて！

6 歩きながら使わない

スマホを使いながら歩く「歩きスマホ」の事故が増えているよ。外出先でスマホに夢中になっていると、人にぶつかってしまったり、車が来ていることに気づかなかったりして危ないよ。歩きながらスマホを使うのはやめようね。

7 違法・有料のサイトを使わない

インターネットサイトの中には、お金がかかるサイトや、違法で運営しているサイトもたくさんあるよ。少しでもあやしいと思ったサイトにはアクセスしないようにしてね！

気づかないうちに違法のサイトを使っていたらこわいよね…。気をつけなくちゃ！

要注意サイト

以下のようなサイトは違法の可能性があるので使わないようにしてね！

- 無料でマンガが読める
- 無料でアニメや映画が見られる
- 無料で音楽がダウンロードできる
- ポイントをお金に換えられる
- ゲームのアイテムがもらえる
- いっしょに遊べる相手を探せる
- 学校の先生や生徒の情報を書きこめる

ブルー★　小さなワガママが、おうちの人を怒らせちゃうかも…。

夏休みに挑戦！サマーネイルで指先までおしゃれに♥

おしゃれガールたるもの、指先だってキレイにしていたいよね！
女子力UPまちがいなしのネイルケアの方法を紹介するよ♪

基本のネイルケア

1. 爪を切る

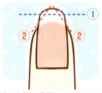

爪の白い部分を1mmくらい残してまっすぐに切るよ（①）。次に左右の角を切ってね（②）。

2. 甘皮を処理する

お風呂上がりに爪の生えぎわを綿棒でくるくるとマッサージ。白い薄皮が取れて爪がキレイに見えるよ！

3. 爪をみがく

爪みがきで表面を軽くこすって、ツヤを出すよ。1本の爪につき数秒かければOK！

爪がピカピカになってうれしい！爪みがきだけなら学校がある日でも大丈夫そうだね♪

POINT

ケアのあとは保湿しよう

ネイルケアをしたあとは、ハンドクリームを指全体にぬりこんで保湿をしてね。ネイルケアは爪がやわらかくなっているお風呂上がりにするのがおすすめだよ♪

8月のプチ情報　夏の風物詩の風鈴は、もともとは魔よけとして使われていたよ。鈴の音には悪い運気をはらうパワーがあるの♪

ネイルアートに挑戦しよう！

いよいよネイルアートにチャレンジ！　まずは必要な道具を覚えよう☆

用意するもの

- ベースコート
- マニキュア
- トップコート
- ピンセット
- ネイルパーツ
- 綿棒
- ネイルシール

ほどほど ★ 悪気のない一言が、まわりの人をキズつけちゃうかも。

ネイルを落とすときは？

除光液をたっぷりしみこませたコットンを爪に当て、しばらくなじませてからふきとるよ。長い間マニキュアをぬりっぱなしにしていると爪が傷んでしまうから、必ず落とすようにしてね♪

ネイルは休みの日限定。学校へ行くときは必ずマニキュアを落としてね！

基本のぬり方

ネイルがキレイにぬれないというコは必見！ かわいく見せて長持ちさせる基本テクを紹介するよ♡

ベースコート

1 手の甲を机に当てて固定するとぬりやすいよ。指は軽く曲げよう。

2 まずは爪の先端にベースコートをぬるよ。爪の裏側に少しはみ出すくらいがGOOD！

3 次は爪全体にぬっていこう。ぬり残しがないようにまんべんなくぬってね！

マニキュア&トップコート

1 はじめにハケを容器のフチでしごいてマニキュアの量を調節するよ。

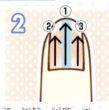

2 爪の中央→両側の順にぬっていくよ。色のムラができないようていねいに！

POINT

ハケのあとがつかないように！

ぬるときに力が入りすぎていると、爪にハケのあとが残ってしまうよ。ハケを爪に押しつけすぎず、軽く当てるつもりでぬってみてね！

3 ドライヤーを当てて乾かそう。完全に乾いたらもう一度重ねぬりしてね♪

4 マニキュアと同じ手順でトップコートをぬろう。ネイルが長持ちするよ☆

5 はみ出してしまったところは除光液をつけた綿棒でやさしくふきとってね。

8月のプチ情報　盆踊りの発祥は、なんと平安時代！ お坊さんがヒョウタンをたたきながらお経をとなえたのがはじまりだよ。

模様のつくり方

次はちょっぴり上級編！2色のマニキュアを使って、模様をつくるテクニックだよ♪

夏 8月 ネイル♪

フレンチ

まずは爪全体にベースの色になるマニキュアをぬっていくよ。今回は白を使ったよ！

ベースが乾いたら爪の先にマスキングテープを貼って、別の色を重ねぬりするよ。

完全に乾いたら、マスキングテープをはがせばフレンチネイルの完成！

ストライプ

はじめにベースになる色ぬっていくよ。ムラがあると線が描きにくいので注意！

ベースが乾いたら細く切ったマスキングテープを貼り、別の色を重ねぬりしよう。

乾いたらマスキングテープをゆっくりはがしてね。これでストライプ模様ができたよ！

まあまあ★ 友だちのこと、信じてあげて。もっと仲が深まるよ！

ドット

ほかの模様と同様に、まずはベースになる色を爪全体にぬるよ。

ベースが乾いたら、ピンのおしりのU字の部分に別の色をつけて、ドットを描くよ。

図のような間隔でちょんちょんと置いたら、ドット柄ができあがるよ☆

最新♡夏ネイルカタログ

マリンテイスト

さわやかマリンにピンクを足してガーリーさを忘れない

つくり方

親指 白のベースに水色で細いラインを描いたら、いかりモチーフのシールを貼ってできあがり☆

人さし指 151ページの手順でフレンチネイルにしたら、境界線の上に金のネイルパーツを置いていこう。

中指 白ベースに水色のドットでさわやかに♪ 親指と同じ色使いで統一感を出してみたよ！

薬指 人さし指と同じデザインのネイルに、貝がらのシールを貼ったよ。たちまち夏感UP！

小指 水色とピンクで交互にラインを描いたら、かわいさとさわやかさの両立が叶っちゃう♡

フルーツ柄

夏らしいシトラスネイルではじけちゃおっ★

つくり方

親指 爪全体を黄色くぬって、つけ根のあたりにちょこんと小さく葉っぱを描けば、レモンネイルの完成！

人さし指 白いベースに黄色いマニキュアでレモンの断面を描いたよ♪ ネイルシールを使ってもOK！

中指 黄色いベースにラインストーンがはえるの♡ ストーンはつけ根のほうに並べるとかわいいよ！

薬指 白×ライムグリーンのストライプ模様に星形のネイルパーツをのせたよ。キラキラしてかわいい！

小指 ピンクと黄色の境界線を白いマニキュアでなぞったよ。フレンチネイルがワンランクUP♪

8月のプチ情報
夏によく食べるそうめんとひやむぎ。材料やつくり方はまったく同じで、ちがうのは太さだけだよ。

トロピカルカラー

ビーチにはえるカラフルネイルで海での視線をひとりじめ！

パステルハート

パステル×キラキラパーツでゆめかわネイルのできあがり♪

夏 Summer 8月 ネイル

つくり方

親指 オレンジ、黄色、水色の3色を根もとのほうから順にぬって、ハイビスカスのシールをペタリ♪

人さし指 パキッとしたグリーンは、白いストライプと相性バツグン！一気にはなやかになるよ。

中指 爪全体を白でぬってからハイビスカスのシールを貼ったよ。カンタンなのにおしゃ見えしちゃう！

薬指 ビビッドなオレンジに、ラインストーンでアクセントを。大きすぎないストーンを選ぼう♪

小指 スカイブルーにグリッターを散らしてキラキラに！ ラメパウダーを使ってもOKだよ。

つくり方

親指 パステルピンクを全体にぬってから、爪のつけ根にハートのシールをペタリ☆

人さし指 水色のマニキュアの上から白でハートの模様を描いたよ！ハートのシールを使ってもOK♪

中指 パステルイエローと相性バッチリな、白、ピンク、パープルのハートをON！

薬指 手順は人さし指と同じ。あえてハートの数を変えてみると単調にならないよ♪

小指 中指に貼った3色のシールを小指にも！ ピンクのマニキュアにもよくマッチ☆

まあまあ★「ごめんね」を言えなくて落ちこんじゃうかも…。

特別な日のぷちメイクではなやかさUP!!

ちょっぴりおめかししたいときにはぷちメイクがおすすめ！
正しいメイクのやり方を覚えて大人の仲間入りをしちゃお♡

メイクをすると気分も上がるよ♡

発表会やパーティー、特別な場所へお出かけする日など、いつもよりワンランク上のおしゃれに挑戦したいことってあるよね！ そんなときにおすすめなのがぷちメイク。いつもよりはなやかな雰囲気になれる、とっておきのテクニックを教えちゃうよ♪
ただし、メイクはきちんと落とさないと肌に負担をかけてしまうことも！ メイクをしたら、その日のうちに必ず落とすようにしてね！ 落とし方は157ページで紹介しているよ！

用意するもの

ビューラー
まつげをはさんで上向きにカールさせるための道具だよ。

マスカラ
カールさせたまつげにぬって、長く見せるためのアイテムだよ！

アイシャドウ
目のまわりにぬると、影ができて目が大きく見えるようになるよ。

チーク
ほおの色をワントーン明るくするよ。ピンクやオレンジがおすすめ♪

リップ
メイクの仕上げにぬって、唇をツヤツヤにさせるよ。

8月のプチ情報
セミの鳴き声は電話越しには聞こえないって知ってた？ 周波数が高くて、電話機では音が拾えないんだって！

メイクグッズの使い方

💙 ビューラー＋マスカラ

まつげを上向きにカールさせると、目力がアップするよ！目は顔の中でもとくに印象的なパーツだから、マスカラをするだけでかなり雰囲気が変わるの♡

カールさせる
ビューラーでまつげをはさんでカールさせるよ。まぶたをはさまないように注意しよう。

マスカラをぬる
まつげのつけ根にマスカラを当て、毛先に向かって持ち上げるようにぬっていくよ。

💙 アイシャドウ

目のまわりに影ができて、目を大きく見せる効果があるよ♪まぶたからまゆ毛のほうに向かってだんだん薄くなるようにしてね！

いちばん薄い色をぬる
いちばん薄い色をチップにとり、まぶた全体にぬるよ。最後に指でなじませよう。

目頭にハイライトを入れる
目頭の形にそって「く」の字にハイライト(白)を入れるよ。これだけではなやかに♪

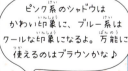

ピンク系のシャドウはかわい印象に、ブルー系はクールな印象になるよ。万能に使えるのはブラウンかな♪

つけ根に濃い色をのせる
まつげのつけ根のあたりに濃い色をぬっていくよ。左右で太さのバランスが同じになるように。

境界をぼかす
最後に指で色の境界をぼかしてなじませるよ。こすりすぎず、グラデは残したままにしてね♪

Summer 夏 8月

メイク

ラッキー★ 注目度が高い一日だよ！おしゃれして出かけよう♪

♥チーク

ほおに赤みを入れることで、顔色がよく見えるよ。ブラシにチークをとったら、はじめに、手の甲などで軽くパウダーを落としてからほおにのせてね。チークを入れる位置は右の図を参考にしよう♪

顔の形によって、チークを入れるベストな場所が変わってくるんだって！

丸顔のコはほお骨の位置からななめに入れよう。

四角い顔のコは両目の真下にまん丸に入れると◎！

面長のコはちょっぴり横長のだ円形に入れてみよう。

逆三角形のコはやや大きめの円形に入れてね♪

♥リップ

メイクの仕上げに欠かせないのがリップ。色つきのものを選べば、たちまちはなやかな印象に早変わり♡ 夏は唇の日焼け対策としても使えるから、積極的にぬるようにしよう♪

1 唇全体にリップをぬる
下唇の口角から中央に向かってリップをぬるよ。最後に上下の唇を合わせてなじませよう。

2 グロスをぬる
リップの上からグロスを重ねていくよ。中央の部分を少し多めにすると立体感が出るよ♪

リップの種類いろいろ

薬用タイプ
荒れを防止する成分が入っているよ♪

色つきタイプ
唇にほんのり色がついてかわいいの♡

グロスタイプ
リップに重ねて使うと唇にツヤが出るよ！

POINT

メイクは必ず落としてね!

一日中メイクをしたままにするのは絶対にダメ! 肌にストレスがかかって、ニキビや肌荒れの原因になってしまうよ。メイクをした日は、お風呂の前に必ず落とすようにしてね。

1 メイク落としを手に取る。オイルタイプを使うときは、500円玉くらいの量が目安だよ!

2 両手で顔全体に広げていくよ。強くこすらず、やさしくなでるイメージで広げていこう。

3 汚れがたまりやすい小鼻のまわりや、マスカラをしている目のまわりなどはとくに念入りに!

4 ぬるま湯ですすぐよ。しっかりすすぎ落とせたら、いつもどおりの洗顔をしよう。

Summer 夏 8月 メイク

超ラッキー★ミラクルラッキー! 今日はなんでもうまくいきそう♪

夏のお楽しみ♡ 肝試しパーティー でひんやりしよう!

夏といえばホラー! ホラーといえば肝試し!!
この時期ならではのドキドキイベントで盛り上がっちゃお♡

暑い夏に涼を感じる とっておきのイベント!

蒸し暑い夏の夜は肝試しパーティーでクールダウンしよう! ここでは、安全で楽しいイベントにするための心得を紹介するよ♪ クラスの友だちや気になる相手を誘えば、盛り上がることまちがいなし!

> ありさって意外とこういうの弱いよな(笑)

肝試しをするときは…

ケガや熱中症に十分注意する
暗いところでの事故や、熱中症にはくれぐれも注意して。懐中電灯を持ったり、こまめに水分補給をしたりして、対策をとってね!

ニガテなコに配慮する
こわい話や暗い場所が苦手なコを無理に誘ったり、本気でおどかしたりするのはやめよう。みんなが楽しめるパーティーにしてね!

保護者の人にも参加してもらう
日が暮れてからパーティーをするときはとくに、子どもだけでやるのは危ないからやめてね。おうちの人や先生など、信頼できる大人にも参加してもらおう。

肝試しの心得 5か条

1 こわい話でゾクゾク感UP！

肝試しをはじめる前に、まずはこわい話をして雰囲気をつくろう♪ 自分の学校をモデルにしたり、みんなの知っている場所の話をしたりすると盛り上がるよ。話すときは部屋を暗くして、懐中電灯を下から当ててみよう。お経のBGMや、こわい音楽を流すのもおすすめ！

Summer 夏 8月 肝試し

POINT

声色やボリュームを工夫しよう

こわい話をするときは、いつもより少し低めの声で話すといいよ！ 緊張するシーンでは話すスピードを早めたり、急に大きな声を出したりするのもこわがらせるためのテクニック♪ しゃべり方を工夫すれば、怪談が一段とこわくなっちゃうよ！

2 スタート&ゴールをわかりやすく！

いよいよ肝試しスタート！ 途中で迷ったりしないように、道順はシンプルなものにしよう。とくに、スタートとゴールの場所は全員がわかりやすいところにしてね！「お地蔵さんが立っている場所から鳥居のところまで」など、目印があるとわかりやすいよ！

ラッキー★ 今日の給食は、大好物が食べられる予感♥

③ ミッションをつくろう

ただゴールするだけじゃ物足りないという人は、肝試しの最中にこなすミッションをつくってみよう！「ゴールに置いてあるお札を持ってくる」のように、参加者がゴールに到着したことがわかるような内容がおすすめ♪ 肝試しの前にした怪談と関連性のあるミッションだとなおGOOD！

POINT

ミッションはシンプルなものに

ミッションはシンプルなものでも十分盛り上がるよ♪ ゴールするまでに時間がかかってしまうような複雑なミッションはなるべく避けよう！

④ おばけ役の人を用意しよう

人数に余裕があるときは、参加者とは別におばけ役の人を用意しよう！ 肝試しの最中はみんな緊張しているから、隠れて声を出したり、暗闇に立っているだけでもこわがってもらえるはず！

⑤ ひとりにはならないで！

とても大切なのが、肝試し中にひとりにならないこと。万が一ケガをしたときに危ないし、本物のユーレイが寄ってきてしまうことがあるんだって。肝試しの間は、必ずふたり以上で行動するようにしてね！

めちゃコワ!? 肝試しテク

肝試しをさらに盛り上げるためのアイデアをご紹介！
いろんなテクニックを使ってみんなをこわがらせちゃおう☆

夏 Summer 8月

肝試し

あやしげな貼り紙をする

「助けて」「振り返るな」などのこわい貼り紙や、お札のような紙を貼っておこう。一気に本格的になるよ！

リボンをくわえて血を表現

短く切った赤いリボンを口の端でくわえてみて。暗闇だと、まるで血が流れているみたいになるよ。

こわいBGMで雰囲気をつくる

ありきたりだけどやっぱりこわいのが音楽。お経や笑い声、泣き声などのBGMを流すと、イベントの緊張感がUP！

ほどほど★緊張することがありそう…。落ち着いてトライしよう！

綿を使ってクモの巣を再現

手芸用の綿をほぐして窓や棚にかけると、クモの巣がかかっているみたいになるの。室内で肝試しをやるときにおすすめのテク。

真っ赤な手形をたくさん

定番だけど赤い手形はおすすめ。布や紙にたくさん手形を押して、貼っておこう。雰囲気づくりにぴったりだよ♪

なるほど…。ちょっとの工夫で本格的な肝試しができそうだね！

女子力UPレッスン 11 生理と上手につき合おう

女のコならだれでもやってくるもの

高学年になると、生理がはじまるコもいるよ。不安なことや心配なことも多いかもしれないけど、生理についてきちんと知っておくのは大切なこと。ここでは、生理と上手につき合っていくための方法を紹介するよ！

生理のしくみを知ろう

約1か月に1回、左右どちらかの卵巣で卵子がつくられるよ。成長した卵子は卵巣をとび出し、卵管を通って子宮へと移動するよ。これを「排卵」というの。このときに男性の精子といっしょになると、「受精卵」という赤ちゃんの卵になるよ。受精卵にならなかったときは、子宮から子宮内膜がはがれて、経血といっしょに体の外に排出されるの。これが「生理」だよ。

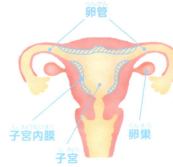

卵管／卵巣／子宮内膜／子宮

8月のプチ情報
はじめにお肉を焼いて、後で盛りつけて食べるスタイルがBBQ、お肉を焼きながら食べるのが焼き肉だよ。

生理のときの過ごし方

朝

布団が汚れていないかチェック！
起きたらまず、布団が経血で汚れていないかチェックしてね。生理の日は黒や紺など、汚れが目立たない色の服を選ぶようにしよう！

量が少ない日や体育がないときは、羽がない普通サイズのナプキンでOK！

昼

体を冷やさないように注意！
体を冷やすと生理痛がひどくなってしまうことも。ナプキンはなるべくこまめに取り替えるようにしようね！

体育の授業があるときや、長時間取り替えられないときは、羽つきタイプのナプキンを選ぶと安心だよ！

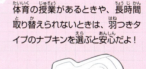

体調が悪いときは無理せず、担任の先生や保健の先生に相談してね♪

夜

入浴＆睡眠が大切♪
生理のときもお風呂に入ってOK。湯ぶねで体を温めると、生理痛がやわらぐこともあるよ。夜更かしはせず、なるべく早く眠ってね！

眠るときは、夜用の後ろが長くなっているタイプのナプキンを使おう。

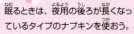

ふつう★ 友だちの新たな一面を知って、もっとキズナが深まるよ★

生理のお悩みQ&A

JSのみんなの生理についてのお悩みに答えるよ！

Q. 急に生理になったらどうしよう…

A. 生理がはじまったばかりのころは、生理周期もバラバラだよ。いつ生理が来てもあわてないように、いつもランドセルにナプキンを入れておくと安心だよ。ナプキンはポーチに入れて持ち歩こう♪

Q. お腹が痛いときは？

A. お腹を温めるのがおすすめ。毛糸のパンツをはいたり、カイロを貼ったりすると痛みがやわらぐよ。どうしても辛いときは無理をせず、保健室で休ませてもらおう。男の先生に言い出しにくいときは、女の先生に相談してね！

Q. 下着が汚れちゃったら…？

A. なるべく早く水で洗うようにしてね。お湯で洗うと経血のタンパク質が固まって落ちにくくなってしまうので、冷たくても我慢して水洗いするのがおすすめだよ。水をつけたトイレットペーパーでやさしくたたくのも◎！

夏→秋コーデは色の使い方がポイント!

秋になるとトレンドカラーが深みのあるものにシフトしていくよ!
人気のカラーをチェックして、ひと足早く秋をまんきつ♪

深みのあるカラーを選べばたちまち秋コーデに♪

夏から秋への変わり目は、とくにコーデに悩む時期だよね! まだまだ暑いけど秋っぽいファッションに挑戦したい……。解決策は、コーデのカラーを秋色に変えることだよ♪ 夏に着ていたカラフルアイテムを深みのあるカラーにスイッチするだけだから、とってもカンタン! 具体的にどんなカラーに変えると秋らしくなるかは、下の表を参考にして☆

カラーを秋色にスイッチしよう!

レッド	ブルー	イエロー	グリーン	オレンジ
↓	↓	↓	↓	↓
ボルドー	ネイビー	マスタード	オリーブ	キャメル

9月のプチ情報
9月の和風月名は長月(ながつき)。夜が長いという意味の、夜長月が転じて長月になったんだって。

ネイビー系

「ネイビー」はもともと「海軍」という意味。イギリス海軍の制服が濃紺色だったことから、この色を指す言葉になったよ!

スウェット×レギパンで足長効果をGET★

POINT
えり付きスウェットにチェックのレギパンを合わせたプレッピーコーデ!

イチオシアイテム

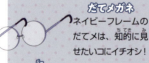

だてメガネ
ネイビーフレームのだてメは、知的に見せたいコにイチオシ!

Gジャン
ガーリーコーデにも大人っぽいコーデにも合う万能アウター!

マスタード系

からしのような黄色のこと。主張が強いと思われがちだけど、意外と合わせやすいから、秋のコーデの差し色にぴったりだよ♪

イチオシアイテム

ヘアバンド
大きめのリボンと、くしゅっとした質感がおしゃれだね!

プリーツスカート
元気系プリーツスカートも、マスタード色なら大人っぽい♡

シンプルニットをほっこり着こなし♡

POINT
ほっこりした色みだから、子どもっぽくならない! ミニスカートでコーデを引きしめ。

9月は英語でSeptember(セプテンバー)。ラテン語で「7番目の月」という意味があるよ。

オリーブ系

くすんだ黄緑色のことを「オリーブ」というよ。秋を代表する色でもあるオリーブは、肌をキレイに見せる効果があるんだって！

ブルゾン×チュールスカートの意外なコンボにドキ…♡

POINT
ガーリーなスカートには、あえてスニーカーを合わせてハズしを☆

イチオシアイテム

ニット帽
大人っぽい色のニット帽。どんなテイストにも合わせやすい♪

ブルゾン
オリーブ色のブルゾン。1枚で秋っぽくスイッチできるのがうれしい！

キャメル系

1着は持っていたい定番カラー。英語で「ラクダ」という意味で、もともとはラクダの毛でつくった織物を「キャメル」と呼んだんだ。

Autumn 秋 9月 コーデ♪

イチオシアイテム

ショートブーツ
折り返しタイプのブーツで足をほっそり見せちゃおう！

フリンジバッグ
フリンジは、糸やひもの飾りのこと。歩くたびにゆれてかわいい！

モコモコとキャメルの大人かわいいカンケイ♡

POINT
モコモコのトップスも、スカートにINすればすっきり着こなせるの♡

いい日★ おうちの人のお手伝いをするといいことがあるかも！

印象が変わる前髪イメチェンテクニック

イメチェンしたいときは前髪カットがおすすめ！
長さや分け方を変えるだけでも、かなり印象が変わるよ♪

前髪のバランスが雰囲気を左右するよ！

髪型の中でも、とくに前髪は印象を決めるのに大切なポイント。大人っぽくなりたいときはセンターパート、かわいい雰囲気にしたいときはラウンド型など、自分のなりたいイメージに合わせて、長さや形を決めるようにしてね！ それから、前髪が目にかかると暗い印象になってしまうから要注意。左右の目はきちんと見えるようにアレンジしよう♪

POINT 前髪カットのポイント

美容院では、なりたいイメージをしっかり伝えて。写真や雑誌の切り抜きなどを持って行くとGOOD！

長さは具体的に伝えよう。「まゆ毛と目の間」とか「まゆ毛のすぐ上」と言うとわかりやすいよ！

「ぱっつんにはしないで」とか、「まゆ毛は見せたくない」など、NGなことも伝えておくと◎。

定番！前髪スタイル

ショートにもロングにも似合う4つの前髪スタイルを紹介するよ！
自分に似合うスタイルを見つけてね☆

秋
Autumn
9月

前髪カット♪

ぱっつん
前髪をまっすぐにカットしたスタイル。まゆ毛よりも短くすればちょっぴり個性的に、まゆ毛にかかる長さならかわいらしい雰囲気になるよ！

センターパート
大人っぽい雰囲気になる真ん中分けスタイル。キレイに分け目をつけたいときは、コームの柄のとがっている部分でまっすぐ線を入れるようにしよう♪

ななめ流し
前髪の分け目を左右どちらかにずらし、ななめに流すスタイル。髪を分ける割合は8：2くらいにするとかわいいよ！流した髪はピンでとめてもOK♡

ラッキー★席がえで好きなコのとなりに……！？

 ラウンド
こめかみあたりを長めにカットし、サイドの髪に自然につなげたスタイル。ぱっつん前髪が一直線なのに対して、半円を描くようなラインが特徴だよ！

手づくりでカンタン！かわいいお弁当にしちゃおう！

お弁当づくりは腕の見せどころ！　味よし、見た目よしのお弁当で
お料理上手をアピールしちゃお♡

わ〜！　かわいい♡
のりでおにぎりに顔を描くの、
マネしてみたいな！

見た目もGOODなお弁当のポイント

お弁当の彩りがはなやかだと、食べる人の食欲もアップするもの☆
つくるときは、手を洗って清潔な状態にしてね。また、包丁や火を
使うときは、必ず大人の人に相談して、いっしょにやってもらおう！

- ウィンナーは下を8つに切ってタコ足にしたよ！
- 卵焼きはななめに切ってハート形にするとかわいい♡
  →つくり方は175ページ
- ゆでたブロッコリーやプチトマトで彩りをプラス！
- ポテトサラダは紙カップに入れて味が混ざらないように♪
- のりとハムで顔を描いたら超キュートなおにぎりに変身♡
- みんな大好きなハンバーグをミニサイズでつくったよ☆
  →つくり方は176ページ

9月のプチ情報
9月の誕生石はサファイア。「誠実」などの石言葉がある、ダイヤモンドの次にかたい宝石だよ。

卵焼き

お弁当の定番おかず、卵焼きのつくり方を紹介！
中火〜弱火でゆっくり焼いていくのがポイントだよ♪

用意するもの

卵…………2個
砂糖…………大さじ1
しょうゆ……小さじ1/2
サラダ油……少々

準備

ボウルに卵を割ってほぐし、砂糖、しょうゆを加えて軽く混ぜる（卵液）。泡立てすぎるとふっくら仕上がりにくくなるので注意！

秋 9月 Autumn

お弁当

つくり方

1 油をひいたフライパンに卵液を半分流し入れ、固まったら奥から手前に向かって巻いていく。中火〜弱火でゆっくりと！

2 残りの卵液を流し入れ、さらに巻いていこう。すべて巻いて全体に火が通ったらフライパンを火からおろして。

3 まな板の上に5分ほど置いて冷ましたら、両端を切り落とし、均等にカットしていく。

ラッキー★ なつかしい再会がある予感だよ♪

POINT
ワンポイントアレンジ

材料

卵……………………2個
カニ風味かまぼこ……好みの量
砂糖…………………大さじ1
しょうゆ……………小さじ1/2
サラダ油……………少々

カニカマの赤が差し色になって、はなやかな印象に☆

つくり方 カニカマは1cmくらいに切ってほぐしておく。卵をといて調味料を加えたら、カニカマを入れて軽く混ぜる。あとは上で紹介した卵焼きと同じ手順で焼いていこう！

ミニハンバーグ

人気ナンバーワン！ みんな大好きなハンバーグのつくり方だよ。おうちの人といっしょに挑戦してみよう！

用意するもの
※直径5cmサイズ6個分

- 牛ひき肉……300g ┐
- たまねぎ……1/4個 │
- 卵黄………1個分 │ A
- パン粉………1/4カップ │
- 塩・こしょう…各少々 ┘

- バター………大さじ1
- サラダ油……少々

準備

たまねぎはみじん切りにしておく。フライパンにバターを入れて強火で熱し、たまねぎを加えてしんなりするまで炒め、火からおろして湯気がおさまるくらいまで冷ます。

つくり方

1

ボウルにAの材料を入れ、手でこねて。ねばりが出て、耳たぶくらいのかたさになるまで混ぜよう。

2

一度手を洗ったら、手にサラダ油をつけ、1を6つに分けて丸くまとめて。まとめた1つ分＝肉だねを手のひらにたたきつけるように投げると、中の空気が抜けるよ。形を整えたら中央を軽くへこませておこう。

3

サラダ油をひいたフライパンを中火で熱し、油がなじんだら肉だねを並べて。へこませたほうを上に！

4

裏側全体に焼き色がついたら裏返そう。弱火にしてふたをし、5〜7分蒸し焼きにするよ！

5

表面に透明な肉汁が出て、はしでさわって弾力があったら火を止めて。お皿にうつして湯気がおさまるくらい冷ませば完成。フライパンに残った肉汁とケチャップを混ぜればソースもつくれる♪

たちまち食欲もアップしそう♥

ぷちデコアイデア集

お弁当に彩りが生まれるアイデアを紹介するよ！
自由にアレンジしてかわいいお弁当をつくってみて♪

デコ弁って難しいと思っていたけど、これならカンタンにできそう！

Autumn
秋
9月

お弁当

うさぎ

魚肉ソーセージでうさぎをつくったよ。目と鼻はのり、ほっぺはケチャップを使って描いているの。食べるのがもったいない〜！

キノコ

うずらの卵にプチトマトをかぶせてキノコをつくったよ。のりでつくった目・口と、傘にチーズで模様をつけたのがポイント。

ピンチョス

ゆでた野菜やウィンナーをピックにさしてピンチョスに。食べやすいし、カラフルなピックを使えばお弁当の彩りも増すね♪

ソウマくん 点決めててカッコよかったよ

まだ点とってない

どんまいっ

ありがと

あっ 片づけ手伝うよ

いいよ 午後からも試合なのに

そんなこれくらい…

仲いー…

うっかり日焼けは早めのケアでなかったことに!?

どんなに注意していても、気づいたら日焼けしていた……！
ということは意外と多いよ。そんなときのレスキューケアを覚えよう♪

秋になっても紫外線は油断できない！

秋になるにつれて紫外線は少しずつ少なくなっていくけど、まだまだ真夏の40〜70％くらいは注いでいるといわれているよ。真夏ほど日焼けを意識していないぶん、うっかり焼けてしまうケースも多いんだ。日焼けをしてしまったあとの正しいケアの方法を覚えておこうね♪

日焼けを放置すると…？

大人になったとき、シミやシワができたり、肌がたるんだりしてしまうよ。たとえ短時間でも、毎日紫外線を浴びていると、肌へのダメージがたまってしまうから注意しよう。

9月のプチ情報
9月の第3月曜日は敬老の日。おじいちゃんやおばあちゃんに感謝の気持ちを伝えよう♥

正しい日焼けの対処法

日焼けのあとは、どれだけ早くケアできるかがポイント！
できるだけ早く肌を冷やし、適切なケアをすることが大切だよ♪

直後

皮ふがやけどをしている状態なので、とにかく冷やすことが先決。ポリ袋などに氷水を入れ、タオルでつつんで日に焼けたところに当てたり、冷たいシャワーを浴びたりして、皮ふのほてりがおさまるのを待とう。

翌日～

日焼けをした肌は、水分が奪われて乾燥しているよ。翌日からはたっぷりの化粧水で保湿をしてね。肌が敏感になっているこの時期は、刺激が弱いタイプの化粧水がおすすめ！

3日後～

肌が落ちついてきたら、シートマスクなどを使ってもOKだよ！ 日焼けをすると唇も荒れやすくなるから、リップやラップパック（119ページ）でケアをしよう♪

Autumn 秋 9月 UVケア

ブルー★気分が晴れない一日。笑顔が開運のカギになりそう♪

感謝の気持ちを伝えるメッセージカードを手づくりしよう！

ちょっとの工夫で、オシャレなカードができちゃうよ♪
つくって楽しい＆もらってうれしいカードづくりに挑戦しよう！

ひと手間かけることでもっと気持ちが伝わる！

手づくりしたメッセージカードには、買ったものにはない特別な価値がうまれるよ♪ お世話になっているおじいちゃん、おばあちゃんに感謝の気持ちを伝えるために、世界にひとつしかないカードをつくってみよう！ 相手のことを考えながらつくることが何よりのプレゼントになるはず♡

POINT

感謝の気持ちや楽しかったことを書こう

カードには、日ごろの感謝の気持ちはもちろん、おじいちゃんやおばあちゃんと出かけたときのことや、いっしょに遊んで楽しかった思い出などを書こう。小さな文字だとおばあちゃんたちには見えにくいかもしれないから、わかりやすくていねいな文字で書くようにしてね！

9月のプチ情報
秋分の日というのは、先祖をうやまい、亡くなった人のことを思い出す日のこと。毎年9月22日～23日ごろだよ。

メッセージカードアレンジテクニック

相手に喜ばれるオリジナルカードのアイデアを5つ紹介。マネしてみてね！

切り絵の花束

Autumn 秋 9月

カード

メッセージは裏面に書いてね♥

1 クラフトパンチでピンク系の画用紙を花形に切り抜こう。2色以上あるとかわいい♡

2 パンチでつくった"がく"を**1**の真ん中に貼る。台紙に花を貼り、リボンをつければ完成。

ポップアップをつくる

プレゼントが立体的に見えるよ♪ バースデーカードにも使えるね！

1 縦18cm×横12cmの画用紙Aと、縦16cm×横10cmの画用紙Bを用意し、それぞれ半分に折ろう。

2 Bの画用紙の中央2か所に切り込みを入れて。このときは、長さ3cmくらいの切りこみを入れたよ♪

3 切りこみ部分を手前に立たせたら、BをAに貼りつけて。プレゼントを飾ったり模様をつけたら完成！

ラッキー★ 意外な人と意気投合して、仲よくなれそうだよ♪

フキダシやガーランドをつけてもかわいい★

リボンをかける

二つ折りにしたカードにリボンをかけて結ぶだけのカンタンなテク♪ リボンは一度クロスさせて、プレゼントみたいに結ぶのがポイントだよ！ 写真のように、2色の刺しゅう糸を使って結んでもかわいい♡

写真を貼りつける

おじいちゃん、おばあちゃんといっしょに写っている写真をカードに貼りつけるのもおすすめ！

ガーランド風にする

1 画用紙を三角形に切る。好みの色、枚数でつくってね！

2 台紙に、1をカーブを描くように貼りつけて完成♪

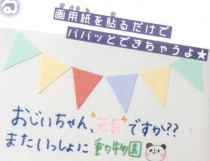

画用紙を貼るだけでパパッとできちゃうよ★

9月のプチ情報　中秋の名月とも言われる「十五夜」にお月見をするのは、平安時代からつづく習慣なの♪

> メッセージカードに使える！

おしゃれ英語フレーズ集

知っていると便利な英語のフレーズを紹介するよ！ メッセージカードで使おう♪

Autumn 秋 9月 カード

♥ **Thank you as always.**
意味：いつもありがとう。

♥ **I love you.**
意味：大好きだよ。

♥ **Please live a long and healthy life.**
意味：いつまでも元気でいてね。

♥ **Dear Grandpa.**
意味：大好きなおじいちゃんへ。

♥ **Dear Grandma.**
意味：大好きなおばあちゃんへ。

♥ **Thank you for teaching me so much.**
意味：いろいろなことを教えてくれてありがとう。

♥ **Take good care of yourself.**
意味：体に気をつけてね。

♥ **Live long forever.**
意味：長生きしてね。

いい日★ 外で大きく深呼吸すれば、ラッキーパワーが満ちるよ★

英語を使って手紙を書くなんて、なんだかカッコいいね！
おじいちゃんとおばあちゃん、喜んでくれるかな～♪

12 コツをおさえて自撮りをマスターしちゃおう

ポイントをおさえればだれでもマスターできるよ！

自撮りをするときの大きなポイントは、角度、ポーズ、表情の3点。それぞれのコツさえわかれば、他撮りよりもかわいく写れちゃうことまちがいなしだよ♪ 右ページで各ポイントをしっかりチェックして、自撮りをマスターしてね☆

うたはすごく自撮りが上手なんだけど、わたしはなかなかうまくいかないんだ〜…。

JSに聞きました！
教えて！自撮りの失敗談

写真がブレブレ！
手を限界まで伸ばして自撮りしていたら、ブルブルしちゃって……。撮った写真は全部ブレブレだったみたい。

背景が汚かった！
何回も自撮りして最高の1枚が撮れたと思ったんだけど、散らかった部屋が写りこんで台なしに。背景も意識して！

顔が見切れちゃった！
旅行先で自撮りをしたんだけど、観光名所を背景に入れようとしたら、自分の顔が見切れちゃってたよ。

（編集部調べ）

9月のプチ情報
秋の花として知られるコスモスには、「乙女の真心」という花言葉があるよ♥

\\これでカンペキ//
自撮りテクを大公開!

自分の写真写りがとくにいい角度を研究しておくのも大事! わたしはちょっと右を向いてななめ上から撮るようにしてるよ♪

テク1
スマホは顔よりも上に持ってレンズを見上げながら撮ってみて。自然と上目づかいになって、キュートな表情が引き出せるんだって!

テク2
顔を少し隠すと小顔効果をねらえるよ♪ ほおに手を当ててみたり、顔の前でピースをしたりして撮影するのがおすすめだよ。

テク3
表情がイマイチ決まらないコは、まゆ毛を2㎜持ち上げるつもりで撮ってみよう。自然と目が大きくなって、かわいい表情がつくれるよ♡

おすすめアイテム

自撮りライト
スマホに取りつけて使うよ。このライトを見ながら撮影すると、瞳にハート形のキャッチライトが入るの♡

広角レンズ
広角レンズを取りつけると、撮れる範囲が広がるの♪ 背景を入れながら自撮りしたいときにおすすめ!

ラッキー★ 電話をかけると、相手との仲がグッと縮まりそう★

手持ちアイテムを上手に着まわししてみよう！

持っているアイテムが少なくても、上手に着まわせれば、「同じ服ばっかり着ている」ような印象にならなくなるよ☆

秋の基本アイテム

A

カーディガン

キャメルのカーディガンはとにかく万能。薄手の素材で秋口にぴったり☆

B

ニット

大きなロゴがお目立ちまちがいなし♡ ハイネックなので肌寒い日も安心！

C

シャツ

パキッとしたカラーのシャツ。しっかり見せが叶う通学コーデの定番アイテム。

D

スカパン

ガーリーなモノトーンギンガム。短めな丈感もスカパンならヨユーです♡

E

パンツ

細めのシルエットがジマンの白スキニー。足長効果ばつぐんのアイテムだよ！

F

ジャンパースカート

コーデュロイのジャンスカ。ボルドー地に紺×白のストライプがややレトロ風♪

10月の和風月名は神無月（かんなつき）。全国の神さまが出雲大社に集まり、留守になる月という意味なんだって！

王道プレッピーを叶える最強の組み合わせ♡

MONDAY 月

A+C+D

放課後はクラスメイトと図書館でお勉強♪ 赤シャツ×カーデ×スカパンで、制服チックにまとめたよ。

POINT
丈の短いスカパンはニーハイと相性◎。ボタンはあえてきっちりとめてマス。

Autumn 秋 10月

コーデ♪

ふわふわ感がたまりません 甘辛なバランスが◎!

TUESDAY 火

B+E

体育がある火曜日は、着替えやすさ重視のラフなコーデに。髪もしっかり結んで気合いじゅうぶん!

POINT
ちょっぴり重めのふわもこニットも、白いパンツとならすっきり着られるよ♪

ラッキー★ 電話をかけると、相手との仲がグッと縮まりそう★

WEDNESDAY 水(すい) A+F

ドキドキの参観日(さんかんび)！ レトロなジャンスカにカーディガンをはおれば、文句(もんく)なしの優等生(ゆうとうせい)コーデの完成(かんせい)♪

POINT
ワンランク上(うえ)のプレッピーは、キャメルとレッドでつくるのが正解(せいかい)♡

上品(じょうひん)クラシカルで乙女(おとめ)ゴコロ上昇(じょうしょう)♪

ゆるだぼニットで秋(あき)の甘コーデ♡

THURSDAY 木(もく) B+D

今日(きょう)は学校(がっこう)が終(お)わったら、ピアノのレッスン。秋(あき)らしくまとめたファッションもほめてもらえるかな……？

POINT
暗(くら)めのカラーで脱(だつ)コドモ作戦(さくせん)。ニットはINせず、ゆったり着(き)ると◎。

10月のプチ情報
10月は英語でOctober（オクトーバー）。ラテン語で3月から数えて「8番目の月」という意味だよ。

FRIDAY 金(きん)

A+C+E

お掃除当番の日は、動きやすいパンツコーデに。カーディガンを腰に巻くだけでこなれ感もUPする☆

POINT
ウエストに秋カラーをもってくるだけで、白スキニーがほどよくなじんじゃう♪

遊(あそ)びゴコロたっぷりの大人(おとな)シンプル、完成(かんせい)！

Autumn 秋 10月 コーデ♪

いい日★お買いものが◎。かわいいお洋服に出会えるかも♥

カジュアルだけどかわいい！レトロ柄(がら)をラフに着(き)よ♪

土曜日(どようび)も登校(とうこう)するときは…

SATURDAY 土(ど)

B+F

授業(じゅぎょう)は午前(ごぜん)だけだから放課後(ほうかご)は友(とも)だちの家(いえ)にお呼ばれ♪ 上からニットを着(き)ちゃえば、ジャンスカがスカートに大変身(だいへんしん)♡

POINT
クラシカルなジャンスカも、チラ見(み)せ程度(ていど)ならカタすぎない印象(いんしょう)に♡

カーディガンだけでも、はおったり、腰(こし)に巻(ま)いたりといろいろな使(つか)い道(みち)があるんだね！

秋のイベントは カンタンヘアアレ でかわいく♡

学校行事が多いこの時期は、カンタンなのにおしゃ見えするヘアアレが大活やくだよ♪　基本テクは36ページをチェックしてね！

ハロウィーン

ちょこんと立った耳がネコみたい♡ちょっぴり個性派なヘアアレで、みんなの視線をひとり占めしちゃおう！

ハロウィンパーティーの主役はいただきっ★

つくり方

1 前髪を残し、サイドの髪をゴムでしばってくるりんぱしてね。反対側も同様にしばろう！

2 結んだ毛束を左右に分けて引っぱって、ゴムの位置が根もとにくるようにしよう。

3 片手で毛束を押さえながら髪を少しずつ引き出し、ボリュームを出したら完成！

10月のプチ情報
9月23日～10月23日生まれのコはてんびん座。友だちをつくるのが上手で、だれとでも仲よくなれちゃうよ♥

フルーツ狩り

フルーツ狩りは秋のお楽しみ♪
3分でできるカンタンおだんごヘアで、テンション上げてこー！

お目立ちまちがいなし♥
飾りピンで遊んでみるのも◎

Autumn 秋 10月

ヘアアレ♪

いい日★告白のチャンス到来!? 落ちついてがんばって！

つくり方

1

耳のラインからトップにかけての髪をコームでキレイに取り分け、ゴムで結ぼう。最後まで結びきる前に 2 へ進んで。

2

最後のひと結びは毛束を通しきらず、おだんごになるように残しておくよ。

3

おだんごから髪を引き出して、丸く形を整えたら完成♪ 毛を出しすぎたときはおくれ毛を引っぱって調整しよう！

社会科見学

きちっとしているのにかわいさも忘れない♡　学校行事におすすめの優等生ヘアアレだよ！

> つくり方

1. 髪を耳の前後で分けて、耳の前の毛をあみこんでいくよ。残りの後ろの毛はしばっておいてもOK！

2. 頭のてっぺんから耳までの毛はあみこみに。耳よりも下の毛はみつあみにしていくよ♪

3. みつあみ部分から毛を少しずつ取り出し、全体的に平らになるようにほぐしてね！　飾りピンを使ってもかわいい♡

かしこ見せが叶うガーリーヘアのできあがり♡

10月のプチ情報
10月の誕生石はオパール。「忍耐」などの石言葉があるよ！　持ち主の魅力をアップさせてくれる石なんだって！

運動会

ハチマキをいかした元気いっぱいお目立ちヘア☆
盛り上がるイベントの日は髪型からアゲていこう！

長い髪はアップにしちゃえば スポーツだって◎

Autumn 秋 10月

ヘアアレ♪

いい日☆家族とお出かけすると、運気がアップしそうだよ♪

つくり方

1
髪全体を2つに分け、高い位置でツインテールに。毛束をひと束とって、ゴムの上からぐるっと巻きつけよう。

2
巻き終わった毛束はアメピンでしっかりと固定してね。これでゴムの部分が隠れたよ♪

3
最後にコームで逆毛を立てて、ツインテールのボリュームをUP☆ 逆毛の立て方は128ページを参考にしてね！

運動会の必勝テクニック 7連発!!

イベント

競技には必勝テクがあるって知ってた？
チームメイトにも教えて、一致団結して優勝を目指そう♪

テク1

かけっこはとにかく腕を振る！

腕を素早く振ると、自然に足が前に出て速く走れるようになるよ。後ろに見えない壁があるのをイメージして、その壁をひじでガンガンたたくつもりで振ってみて。力強く腕を振れるようになるよ☆

正しいフォームを覚えよう！

短距離走の正しいフォームをつかむコツは、1本の直線と2つの三角形を意識すること！

ひじを上げたときに、三角形ができている

頭のてっぺんからかかとの先までが一直線になっている

ひざを上げたときに、三角形ができている

目線はやや下に向け、走る方向のななめ下あたりを見るといいらしいよ

テク2
綱引きは上体を思いきりそらす！

綱引きのときは、相手が引っぱっているときにどれだけ耐えられるかが肝心。チーム全員が綱をわきにはさんで、上体を思いきりそらして上を見よう。腰をおろして、全部の体重を後ろにかけてね。

Autumn 秋 10月 運動会☺

テク3
玉入れはカゴの真下に立つ！

玉は振りかぶって投げるよりも、真上に向かって放り投げるほうが入れやすいの。玉入れのときはカゴの真下のポジションをキープすると、命中率が上がるよ♪ 大きく振りかぶるよりも、腕を下から上へ振り上げるように投げよう！

ラッキー★さりげな〜く好きなコに接近できちゃうかも！

テク4
リレーはバトンパスがカギ！

リレーのタイムを縮めるには、バトンパスが重要になるよ！ スムーズに受け渡しができるように、事前にかけ声を決めておこう♪ 渡す人は、次の走者の手のひらに、上から下にグッと押しこむつもりでバトンを渡してね。バトンは右手で受け取って、走り出しとともに左手に持ちかえるよ。

テク5
騎馬戦は4人のバランス重視！

騎馬戦のときに重要になるのは、4人のバランス！　騎馬になる3人のうち、背が高いコが先頭に、両サイドのふたりは同じくらいの身長だとバランスがいいよ！　小柄なコが上に乗るようにしてね♪

テク6
大玉転がしはターンに注意！

大玉転がしのときに重要なのは、玉のスピードをうまくコントロールすること。押しすぎるとすばやくターンできないよ。玉が体から離れすぎないように、スピードを調整しよう。メンバーの息を合わせてね！

テク7
応援もつねに全力で！

じつはこれがいちばん大事なこと。競技中は自分のチームの人を全力で応援してね！　友だちからの声援があれば、ふしぎとパワーがわいてくるもの。ピンチのときこそ、より一生けん命応援しよう☆

10月のプチ情報
10月の第二月曜日は体育の日。スポーツに親しむ日として、運動会が行われることも多いよ！

ネコ耳ハチマキの結び方

1. イラストのようにハチマキを折って、三角形をつくってね。

2. 右下の端を三角形の中に通して引っぱろう。この部分が耳になるよ♪

3. イラストのような三角形を2か所につくったら、ネコ耳の完成だよ！

Autumn 秋 10月 運動会

13 お出かけマナーを確認しよう

外出先では公共のマナーをしっかり守ってね！

たくさんの人が利用する公共の場所では、ほかの人の迷惑にならないように心がけることが大切。静かな場所で大声を出したり、人ごみで立ち止まって写真を撮ったり、道いっぱいに広がって歩いたりするのはNGだよ。まわりの人に気を配って、ステキだなと思われるような女のコを目指しちゃおう♪

お店の人に礼儀正しく接しているコってステキだよね♪

自転車に乗るときは…

基本的には車と同じで、道の左側を走るよ。車が多い道では歩道を走ってOKだけど、歩いている人が優先だからスピードに注意してね。万が一転んでしまったときのために、ヘルメットをかぶっておくと安心だよ。

10月のプチ情報　10月31日はハロウィーン。数千年前の古代ケルト人がおこなっていたお祭りが起源といわれているよ♪

場所別 公共の場でのマナーをおさらい！

電車
車内で電話をしたり、何かを食べたりするのはやめよう。お年寄りや体の不自由な人には、積極的に席をゆずってね！

図書館
私語や飲食は厳禁！本を読んでいる人の迷惑にならないように静かに過ごそうね。本を借りたら、返却期限は必ず守って！

ショッピング
会計前の品物はていねいに扱おう。お店が混んでいるときは、荷物やリュックが迷惑にならないように気をつけて。

映画館
上映中はおしゃべりはNG！前の座席を蹴ってしまったり、となりの人にもたれかかったりしないよう気をつけてね♪

まあまあ★自分のことを「えらい！」ってほめてあげてね♪

ぷち仮装でハロウィーンパーティーを盛り上げよう！

イベント

手軽にハロウィーン気分を味わいたいときにおすすめなカンタンテクが盛りだくさん♪　パーティーの参考にしてね！

ハロウィーンって何？

ハロウィーンは、毎年10月31日に行われるお祭りのこと。仮装をする日というイメージが強いかもしれないけど、じつはヨーロッパなどで2000年以上前からつづいている伝統的なお祭りなの♪　この日は死者の魂や精霊、魔女などが地上をさまようといわれていて、仲間だと思わせるために魔物の仮装をして身を守ったのがはじまりなんだって！

POINT

パーティーを盛り上げるコトバ

ハロウィーンの日は「トリックオアトリート」が合言葉だよ♪　これは「お菓子をくれないといたずらするぞ」という意味。いたずらされたくないときは、おいしいお菓子を用意してプレゼントしよう！

「トリックオアトリート」と言われたら、「ハッピーハロウィーン」と言ってお菓子を渡すのがならわしなんだって！

10月のプチ情報
もみじとして有名なカエデの木。じつはカエデは血液型をもつ木で、O型だと赤い葉に、AB型だと黄色い葉に紅葉するんだって！

フェイスペイントに挑戦！

ちょっぴりダークなフェイスペイントでイベントを盛り上げよう♡
ペイントするときは、肌専用の落とせるペンを使ってね！

Autumn 秋 10月
ハロウィーン☺

ラッキー★ 鉛筆をけずっておくと、問題がスラスラ解けそう！

レベル★
ネコメイク

まずは鼻の頭を黒くぬりつぶすよ。実際の鼻よりも少し小さくぬるとかわいい♡

次に鼻の横に3本ずつひげを描こう。アイライナーを使って描いてもOKだよ♪

レベル★★
かぼちゃ&オバケ

オバケの輪かくを描いたら、白でぬって、あとは目の部分に黒い点を描くだけ！

オレンジで輪かくを描いてから、三角形の目を描こう。緑でヘタを描くと本格的に♡

レベル★★★
クモの巣&コウモリ

目じりから放射状に5本の線を描くよ。それぞれの線を横につなげたらクモの巣の完成！

目の下に黒でコウモリを描くよ。小さいコウモリを2匹くらい描くとかわいい☆

魔女コスチュームをつくろう！

三角ハット

材料 50cm×50cmのフェルト2枚、画用紙、リボン、ボンド、裁縫道具

これをつくるよ

この帽子とスカートをつくるよ♪

`つくり方`

1
1cm

フェルトを三角形に折って、点線の部分を並ぬいしよう。

2

並ぬいした部分が内側になるようにフェルトを裏返し、三角形の部分は切り落とそう。

3

直径17cmの円を画用紙でつくり、フェルトの円すいの底の部分に、写真のようにテープで貼りつけて。

4

3で貼った画用紙にそって2〜3cm間かくで切りこみを入れてね。一周したら、画用紙は外しておこう。

5

もう1枚のフェルトに4で使った画用紙をあて、円を描くよ。さらに外側に直径27cmの円も描こう。

6

5で描いた円を切り抜いたところ。この幅が帽子のツバの広さになるから、好みの大きさに調整を。

7

4でつくった切りこみにたっぷりボンドをつけ、6を重ねて貼るよ。ボンドが乾いたら完成だよ！

チュチュスカート

材料 好きな色のオーガンジーの布（約6cm×30cm）×60枚、ゴムひも

> つくり方

1

点線の部分に3cmの切りこみを入れる。ゴムひもは腰のサイズに合わせて輪をつくり、しばっておこう。

2

布をゴムひもの下に入れ、1で開けた切りこみにすそを通して引っぱろう。1本目が結べたよ。

3

2のやり方で60枚の布をすべて結んで、形を整えたら完成。このスカートは、黒の布50枚、むらさきの布10枚でつくったよ。

Autumn 秋 10月 ハロウィーン☺

> おしゃかわ

フォトプロップス作例集

フォトプロップスというのは、写真を撮るときに手に持つ小道具のことだよ♪
画用紙と、ストローや竹ぐしがあればつくれるから、参考にしてくつってみてね♡

まあまあ★放課後の体育館で運命の出会いがありそう！

ドキドキ♥スイーツレシピ

コウモリクッキー

ハロウィーンパーティーにうってつけのコウモリ形クッキー♪ 食べるのがもったいな〜い

用意するもの
※クッキー型約20個分

- バター……………60g
- 砂糖………………60g
- 卵…………………1/2個
- 薄力粉……………110g
- ココアパウダー …10g
- ブラックココアパウダー …5g
- チョコペン

つくり方

1 常温にもどしたバターに砂糖を加え、泡立て器でまとまりが出るまでよく混ぜよう。

2 といた卵を数回に分けて入れ、そのつどよく混ぜ合わせよう。

3 2に薄力粉、ココアパウダー、ブラックココアパウダーを加えてさらによく混ぜて。

4 最後は手でしっかりこね、ひとまとまりにしたら冷蔵庫で30分寝かせよう。

5 めん棒で生地を3㎜厚さにのばし、型を抜くよ。180℃のオーブンで12分焼こう。

6 焼いたクッキーが冷めたら、チョコペンで顔を描いてデコれば完成！

10月のプチ情報 — 10月は、一般的に衣替えの季節といわれているよ。夏服をしまって、冬服を用意しよう★

かぼちゃのスコーン

ひと口かじるとほのかにかぼちゃの香りが♥ ハロウィーン仕様のお顔もかわいすぎ…!

用意するもの

※約10個分

A:
- 薄力粉……………200g
- ベーキングパウダー…大さじ1/2
- 砂糖………………大さじ2
- バター……………50g
  ※常温でやわらかくしておく

- 牛乳………………85g
- かぼちゃ…………正味100g
- チョコペン

秋 10月 ハロウィーン☺

まあまあ★おしゃれな友だちにシゲキをもらえそう♥

つくり方

1. ボウルにAの材料をすべて入れ、バターをつぶすようなイメージで混ぜ合わせてそぼろ状にしてね。

2. 500Wの電子レンジで5分ほど加熱したかぼちゃをフォークでつぶし、牛乳と混ぜ合わせて。

3. 2を1のボウルに加えて混ぜて。生地がまとまってきたら、ヘラで切るようなイメージでさっくり混ぜよう。

4. まとまった生地はめん棒で1cm厚さにのばそう。

5. 型抜きした生地を天板に並べ、200℃のオーブンで10分焼くよ。

6. スコーンが冷めたら、チョコペンで顔を描こう!

14 知っておきたい カラダのクリニック

思春期は体に大きな変化があらわれる時期。JSのみんなが悩んでいる体についてのギモンにお答えしていくよ♪

Q. 体のにおいが気になる…

A. じつは、かいた直後の汗にはにおいがなく、イヤなにおいになるのはしばらくたってからなの。汗をかいたらすぐにタオルでふきとり、清潔にしておこう。スプレーやシートなどのデオドラントアイテムを使うときは、学校のルールで禁止されていないかよく確認してね！

Q. 生理のときは体育を休んだほうがいい？

A. プールの授業は基本的に見学だけど、体調が悪くなければ通常の体育は参加して大丈夫だよ。経血の漏れが心配なときは、羽つきタイプのナプキンをしたり、パンツの上からスパッツをはいたりと、きちんと対策すれば大丈夫。だけど、つらいときは無理をせず見学させてもらってね。

生理についてのお悩みは、162ページでも紹介しているよ！

10月のプチ情報
「読書の秋」といわれる理由は、涼しくて長い秋の夜が、読書に適しているからなんだって♪

Q. 夜になると関節が痛くなる…

A. それ、成長痛かも。成長期にはひざや足首などの関節が痛むことがときどきあるよ。背が伸びている証拠でもあるけど、眠れないほど痛いときはおうちの人に相談してみて。痛み止めを飲むとおさまることもあるよ。

★ ★

Q. 走ると胸が痛い！

A. そろそろ胸がふくらみはじめるのかも。ふくらみはじめのころは、胸の先が服にすれてチクチクしたり、走るときに胸がつっぱるような痛みを感じたりすることがあるよ。カップつきのキャミを着たり、スポーツブラをつけたりすると痛みをやわらげることができるから、おうちの人に相談してみてね。

★ ★

Q. ブラっていつからつけるべき？

A. とくに決まりはないから、ふくらみが気になりはじめたらつけるようにしよう。右のグラフは、先パイたちがブラをつけはじめたきっかけを聞いてみた結果だよ。おうちの人に言われてつけはじめたというコが多いけど、自分からお願いした先パイもいるみたい♪

ブラをつけはじめたきっかけ

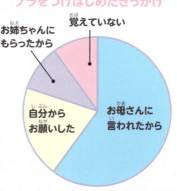

いい日★習いごとをがんばってみて。いいことが起きそう♡

Q. ぽっちゃりしてきた気がする…

A. 中〜高学年になると、女のコの体は全体的に丸みをおびてくるよ。これは大人の体に近づいているサインで、だれにでも起こること。だけどこの変化を太ってきたとかんちがいしちゃうコもいるみたい…！ ダイエットをはじめる前に、本当に自分がぽっちゃりしているのかをもう一度よく考えてみてね。

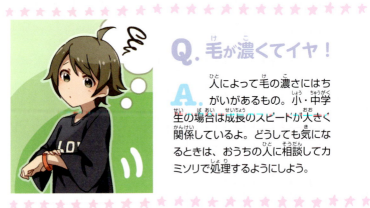

Q. 毛が濃くてイヤ！

A. 人によって毛の濃さにはちがいがあるもの。小・中学生の場合は成長のスピードが大きく関係しているよ。どうしても気になるときは、おうちの人に相談してカミソリで処理するようにしよう。

Q. 男子より背が高くて目立っちゃう…

A. 成長期は、男子よりも女子のほうが早くやってくるよ。だから、急に背が伸びて男子の身長を追い抜いてしまうのはよくあることなの。中学に入れば男子の身長もどんどん伸びてきっと気にならなくなるよ。たとえ身長のことでからかわれたとしても、男子はまだ子どもなんだと思って大目に見てあげてね。

TALK ROOM ♥

ありさ
しずくって背が高くてモデルさんみたい〜！ うらやましいなぁ…。

しずく
人より目立って恥ずかしいと思っていた時期もあったけど…。そう言ってもらえるとうれしいな♪

Q. 授業中に眠くなっちゃう…

A. 睡眠不足が原因だよ。前の日に夜ふかししているんじゃないかな？ 夜遅くまで起きていると、次の日の授業に集中できないばかりか、肌荒れやニキビ、髪がパサパサになる原因になっちゃうことも！ 夜ふかしは体にとってよくないことだらけだから、絶対にやめてね。

授業中眠くなったら…とにかく好きなもののことを考える！

ふつう★リップクリームを持ち歩くと女子力がアップするよ！

Q. 胸が大きくて恥ずかしい…

A. 胸の成長は人それぞれだから、気にしないことがいちばんだけど、どうしても気になるときは胸が強調されないファッションを心がけてみよう。体のラインが出る服や、白やパステルカラーなどの服はさけるようにしてね！ 首まわりが広めの服は、上半身がすっきりして見えるからおすすめだよ♪

Q. 便秘になりやすくて困ってるの…

A. 便秘のおもな原因は、食生活のかたよりと睡眠不足、運動不足の3つだよ。まずは野菜中心の食事と早寝早起きを心がけて。軽いジョギングやなわとび、夜寝る前のストレッチなども便秘解消に効果的だよ！

勉強したことをキレイな新聞にまとめよう！

社会科見学や体験学習などで学んだことは、新聞にまとめると理解が深まるよ♪ 情報が伝わりやすいキレイな新聞をつくってね！

≪デキるJSの≫ 新聞を大公開！

わかりやすい見出し
新聞のメインテーマが何か、的確に伝わる見出しになっているよ。
》くわしくは215ページ

グラフが入っている
データはグラフにするとわかりやすいよ。みかん生産者の数の推移が一目でわかるね！
》くわしくは215ページ

遊び要素もアリ！
クイズなどの楽しいコーナーが入っていると、飽きずに読み進められるのでおすすめ♪
》くわしくは217ページ

11月の和風月名は霜月（しもつき）。霜がふる月という意味だよ。

新聞づくりのポイント

思わず目をひく新聞テクを紹介！　今すぐチェックしよう☆

その1
見出しは簡潔に！

どんなことが書いてある記事なのかを一言で表したものが見出し。見出しはとにかく簡潔に、わかりやすく書くようにしよう。読む人の目にとまってほしいポイントでもあるから、色をつけたり、フチをつけたりして文字自体も目立たせてね♪

POINT
目立つ見出しテク

あいうえお
地をぬれば白文字が目立つ！

あいうえお
文字に影をつけるのも◎！

秋　11月　新聞テク

その2
図や写真を使ってわかりやすく

写真やイラストは読者の目をひくことができるし、記事の内容をよりイメージしやすくなるよ！　数字のデータは文章で説明するよりも、グラフにまとめたほうがわかりやすい場合が多いから積極的に使ってみて。

パソコンで新聞をつくるときは、ネット上の写真やイラストを無断で使わないようにしないとね

ラッキー★勉強運がアップする日。どんな問題も解けそう♪

その3
フキダシャカコミでかわいく

注目してほしいポイントは、フキダシをつけたり、かわいく囲んだりして目立たせよう♪

注目

POINT!

その4
ラインで遊んでみる

マジメな内容の新聞も、かわいいラインで印象が変わるよ♡ せっかくオリジナルの新聞をつくるなら、細かいところにもこだわってね！

TALK ROOM♥

しずく
せっかくだから新聞もかわいくまとめたいよね♪ こういう細かいあしらい、うたなら得意そう！

うた
装飾ならまかせて〜♡ 飾りラインもいろいろなパターンを考えちゃうよ♪

その5
自分の意見を伝える

新聞には「編集後記」などの、記者や編集者の意見を伝えるコーナーがあるよ。社会科見学や新聞づくりを通して自分がどんなことを思ったか、意見を書いてみよう。新聞づくりの裏話などを書いてもOKだよ☆

マネしてみたい！ 上級テクニック

♥クイズを入れて楽しく！

文章ばかりの新聞だと、ちょっぴり退屈しちゃうかも!? クイズなどの遊び要素が入っていると、楽しく読み進められるし、内容への理解も深まるはず。新聞に書いてあることをおさらいできるようなクイズを考えてみよう♪

例
- この工場では、一日にどれくらいの缶ジュースをつくっているでしょう？
- △△町のマークには「○○」という意味があります。さてなんでしょう？

♥インタビュー風にしてみる！

見学先でだれかにお話してもらったことは、インタビュー風にまとめてみるのもおすすめ！「生産者の○○さんに聞きました」とか、「△△さんに聞いた衝撃の事実」のように、キャッチーな見出しをつけるとより注目度が上がるよ！

♥広告や4コマで本格的に！

本物の新聞には、4コママンガや広告が入っているよね？ それと同じように、新聞の内容に合った4コマや、広告風のイラストを入れると、一気に本格度がアップする！ 見た目もはなやかで楽しい新聞になるから、ぜひ試してみて。

秋 11月 新聞テク

ブルー★ ささいなことで友だちとケンカしちゃうかも…

乾燥を防ぐ保湿ケアを覚えよう!

冬が近づくと空気が乾燥して、肌がカサカサになりやすくなるよ。
毎日きちんと保湿ケアをして、すべすべ肌をキープしよう!

空気中の水分は気温が下がるほど少なくなる!

冬の乾燥肌の原因は、空気に含まれる水分の量が減ること。水分の量は気温が低くなるほど減っていって、寒い冬の時期はいちばん水分量が少なくなるの。さらにヒーターやエアコンを使うたびに、どんどん空気が乾燥しちゃうよ。秋〜冬の間はとくに念入りな保湿ケアが必要だよ!

冬になるとカゼや感染症がはやるのも乾燥が原因なんだって!

POINT

まちがったケアにご用心!

乾燥しているからといって、カサカサしている部分を水でぬらしたり、唇をなめたりするのはNG! 水は乾燥しているところへ移動する性質があるから、肌をぬらしてもすぐに空気中に逃げていってしまうよ。そうすると、皮ふはさらに乾燥して肌荒れがひどくなってしまうの。

乾燥ポイントをチェック！

とくに重点的にケアしたい乾燥ポイントを紹介！ チェックしてね☆

秋 11月
保湿ケア

ほお
脂の分泌量が少ないほおは乾燥しがち。いちばん目につく場所でもあるから注意して。

目もと
顔の中でもとくに皮ふの薄い目のまわりは、乾燥によるダメージを受けやすいよ。

あご
意外と見落とされやすいけど乾燥する部分。あごの保湿も忘れないでね！

口もと
乾燥すると唇の皮がむけたり、口のまわりがカサカサ粉っぽくなったりするよ。

首
首の乾燥をそのままにしていると、将来シワになってしまうこともあるから要注意！

ひじ
長袖を着ていると気づきにくいけど、意外と乾燥するポイントだよ。

手の甲
手を洗ったあとにハンドクリームをつけて乾燥を予防しよう。

ひざ
乾燥がひどくなると粉をふいて白くなってしまうことも！

おすすめ 保湿アイテム

化粧水
洗顔などで失われた顔の水分をおぎなうために使うよ。

乳液
化粧水をつけたあとに、肌にうるおいをとじこめるために使うよ。

ボディクリーム
全身に使えるクリーム。肌がうるおっているお風呂上がりに使うと効果的。

ほどほど★給食に、ニガテなメニューが出る予感…。

基本の保湿ケア

乾燥ポイントがわかったら、正しく保湿する方法を覚えよう！
保湿ケアは毎日欠かさず行うことが大切だよ♪

1.顔全体に化粧水をなじませる

化粧水を手のひらで軽く温めてから顔全体にのばしてね。とくに乾燥しやすいあごのラインや、Tゾーンと呼ばれるおでこ〜鼻のラインからつけはじめるとGOOD！ 目もとや小鼻のまわりは指の腹を使って、ゆっくりと肌になじませて♪

2.とくに乾燥の気になるところをやさしく押さえる

219ページで紹介した、とくに乾燥しやすいポイントは、さらに重ねづけしていくよ！ 指の腹を使ってやさしく押さえて、化粧水を肌に押しこんでいこう。肌を強くこすったりせず、ていねいに押さえるようにしてね。

11月のプチ情報

11月の誕生石はトパーズ。「友情」や「希望」などの石言葉があって、持ち主に自信を与えてくれるの♪

3.乳液で仕上げる

最後に乳液でうるおいをとじこめるよ。1～2と同様の手順で乳液をつけていこう。目もとや小鼻のまわりがカサついているときは、乳液の前にベビーオイルをつけてもOK！

Autumn 秋 11月

保湿ケア③

> なくなってしまったうるおいを肌にもどしてあげることが大切なんだって！毎日の習慣にしてね♪

まあまあ★気になるコとライバルが急接近!?　やきもちしそう…

手づくりパックでうる肌GET！

おうちの冷蔵庫にあるヨーグルトを使って、うる肌パックを手づくりしちゃおう！食べものを使うパックだから、事前におうちの人に相談してね♪

1. 無糖のプレーンヨーグルト大さじ1と薄力粉大さじ1を容器に入れ、よく混ぜるよ。これだけでパックの完成！

2. Tゾーンやほおにパックをのせたら、5～10分そのままに。パックが目に入らないよう、目のまわりには使用しないでね！

3. 最後にぬるま湯で洗い流してパック終了。このあとは通常通り、化粧水&乳液で保湿ケアをしてね。

もらってうれしい 手づくりプレゼント アイデアレシピ

大切な人の誕生日は、世界にひとつだけのプレゼントでびっくりさせちゃおう！ 手づくりなら気持ちもより伝わるよ♡

キャンディバーせっけん

固形のせっけんを溶かして固めるだけ！ アイスみたいでかわいいせっけんができちゃうよ♪

用意するもの

グリセリンソープ（透明）
好きな色の食紅
アイスの型と棒
マスキングテープ
輪ゴム

つくり方

1

グリセリンソープを適当な大きさに切ったら耐熱容器に入れて、液体になるまで電子レンジで1〜2分ほど加熱。

色をつけたいときは

液体になったら食紅で着色しよう♪

液状のせっけんに食紅を1滴落としてすばやく混ぜると色がつくの。今回は青と黄色の2色を用意したよ。

色をつけたせっけんを浅いバットに流し入れ、あら熱がとれたら冷蔵庫で冷やし固めてね。

せっけんが固まったら型抜きをするよ。黄色いせっけんも同じように、星形にしてね！

❸の星形のせっけんを、アイスの型につめていくよ。完成をイメージしながら配置を決めよう♪

POINT
マステを使うと便利！

アイスの型に輪ゴムをかけ、棒にはマステを貼って引っかけておくと棒がしずまなくて便利だよ♪

❶と同じように溶かした透明のせっけんを流し入れて、冷蔵庫で冷やし固めれば完成だよ！

アイスが型から抜けないときは、型ごとお湯につけて温めると抜きやすいよ☆

3色カラーにしてもかわいい！

白いグリセリンソープに食紅を混ぜれば、パステルカラーせっけんをつくれるよ！　まずは1色、容器の1/3までせっけんを入れて冷やし、固まったら別の色を2/3まで入れ、固まったらさらに別の色を入れて固めよう♪　こうすれば、3色のせっけんがカンタンにできちゃう♡

Autumn 秋 11月 プレゼント

まあまあ★友だちのワガママをゆるしてあげると、友情運アップ！

ストライプ柄ミサンガ

願いごとをしながらミサンガを結ぶと、切れたときに願いが叶うと言われているよ♪

=== 用意するもの ===

刺しゅう糸（3色×2本ずつ）
……………各100㎝

マスキングテープ

つくり方

1

3色の糸を6本ひとまとめにし、端から10㎝くらいのところでひとつ結びにする。

2
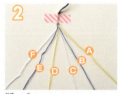

結び目のあたりをテーブルに貼りつけておく。いちばん右の Ⓐ が芯糸で、残りの Ⓑ～Ⓕ が巻き糸になるよ。

3

芯糸Ⓐを左手で持ち、巻き糸Ⓑの上に「逆の4」の形になるように重ねてね。

4

巻き糸Ⓑを、芯糸Ⓐに一周巻きつけよう。

5

巻き糸Ⓑを上方向に引っぱって引きしめてね。

POINT

左手は芯糸から離さないように！

芯糸と巻き糸がわからなくならないように、左手はつねに芯糸を持って離さないようにしよう！

もう一度、巻き糸Bを、芯糸Aに巻きつけて引きしめるよ。

これでひとつ目の結び目ができたよ。芯糸AがBの左に移動しているとGOOD！

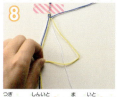

次は、芯糸Aと巻き糸Cを結んでいくよ。まずはCの糸をAに重ねて「逆の4」をつくろう。

4と同様に、Cを芯糸Aに巻きつけて引きしめるよ！

Cの糸も2回巻きつけたら、青い結び目の下に白い結び目ができるよ。

同じようにD、E、Fの糸も2回ずつ巻きつけると、Aがいちばん左にくるよ。これで1段目があめた！

次はBの糸が芯糸になるよ。BにCの糸を2回巻きつけてね。同様の手順で2段目もあんでいこう！

これをひたすらくり返し、どんどん長くあんでいこう。

ちょうどいい長さになったら、6本まとめてひとつ結びに。結んだ先は10cmくらいの長さに切るよ。

結び目より下は、同じ色の糸を2本ずつまとめてみつあみに。上のあまっている部分もみつあみしてね！

最後に、あみ終わりの糸をすべてまとめてひとつ結びにしたら、完成！

一段ずつきっく引きしめるようにすると、キレイに仕上がるよ

Autumn 秋 11月

プレゼント♡

ラッキー★ 友だちのお兄ちゃんと急接近!? 新たな恋の予感が♥

ユニフォーム形おまもり

チームのユニフォームそっくりのおまもりをつくって、気になる相手に渡しちゃおう！

用意するもの

好きな色のフェルト
刺しゅう糸
綿
裁縫道具
ボンド

1 フェルトをユニフォームのベースになる形に切ったものを2枚用意しよう。

2 表になる1枚に、番号と模様を貼りつけてね。

3 ベースのフェルトを2枚重ね、右下の角から上に向かってまつりぬいするよ。

4 左下の角までぬったら、下から綿をつめる。

POINT

メッセージを入れてもOK！

綿をつめるとき、メッセージを書いた紙などを入れておくのもおすすめ！「必勝」などと書いておけば、運気もUPしそう♪

「メッセージ、かぁ勝負運が上がりそう言葉を入れたいな」

11月のプチ情報
11月15日は七五三のお祝いの日。女のコは3歳と7歳のときにお祝いする習慣があるよ♥

下の辺もまつりぬいして、スタートの場所に戻ったら玉止めするよ。

すべての辺をぬい終え、玉止めしたところだよ。

次はボールをつくるよ。まずは、フェルトを円形に切ってね。

秋 11月
プレゼント

バスケットボールの模様を刺繍していくよ。黒い刺しゅう糸で線をぬおう。

完成したボールをボンドで貼りつけるよ。

刺しゅう糸をみつあみしてつくったストラップを、裏面にぬいつければ完成！

15 知っておきたい ココロのクリニック

思春期は、気持ちにも大きな変化があらわれるんだって。
JSのみんなが悩んでいる心についてのギモンにお答えしていくよ♪

Q. 心友だと思えるコがいない…

A. 無理に心友をつくろうとしなくてもいいんだよ。いっしょにいると楽しかったり、困ったときに相談したりできる友だちがいるなら、あせる必要はないよ。そんなふうに**お互いに助け合える関係のコとは、ふとしたときに「心友かも」と思えるようになる**かもしれないね♪

★★★★★★★★★★★★★★★★★★★

Q. 友だちを怒らせちゃった…!?

A. 友だちとギクシャクしちゃうと、学校生活も楽しくなっちゃうよね。自分に原因があるとわかっているときは、**素直にあやまるのがいちばん**。理由がわからないときは、「○○ちゃんとは仲よしでいたい」って、本音を伝えてみよう。直接言いにくいときは、**手紙を書いてもOK**だよ！

> 11月のプチ情報
> 11月23日は勤労感謝の日。はたらく人に感謝する祝日なんだって！

Q. 友だちと同じ人を好きになっちゃった！

A. 恋に正解はないから、どうするか決めるのはあなた自身。堂々とライバル宣言してもいいし、友だちのために身を引くというのも**きちんと考えて納得した答えならOK**だよ。どうしても答えが出ないときは、ほかの友だちに相談してみるのもいいかもしれないね。

★ ★

Q. 自分の悪口を聞いちゃった…

A. だれかのことを悪く言っている人は、そのコのことがうらやましいんだと思うよ。自分の悪口を聞いてしまったときはショックかもしれないけど、**自分のことをうらやんでいるんだと思ってスルー**しちゃおう！ あなたが気にしていなければ、そのうち言われなくなるよ！

★ ★

Q. ほかのコがうらやましくなっちゃう…

A. 友だちばかりほめられていたり、はやりものを持っていたりすると、なんとなく不公平な気分になっちゃうよね……。それはもしかしたら、「認められたい」という気持ちの裏返しかも。あなたのスゴいところはあなた自身がいちばんよく知っているはずだから、ときどき**自分で自分のことをほめてあげてね！**

いい日★ファッションセンスをほめられちゃう予感♥

Q. 将来の夢が見つからない…

A. 将来の夢は、中学生や高校生になってからゆっくり考えても遅くないから心配しないで。それに、夢というのは職業だけじゃないよ。「大きな家を建てたい」とか、「犬と暮らしたい」といった願望も立派な夢。まずは、こうしたちょっとした願望を思い浮かべてみるのがいいかも♪

★★★★★★★★★★★★★★★★★★★★★★★

Q. 親の言うことって正しいの？

A. おうちの人の言うことがどうしても納得できないというコも多いみたい。だけどおうちの人が口うるさく言うのは、あなたのことをいつも考えているからなの。それでも、どうしても納得できないことがあるときは、なぜ自分がそう思うのかをきちんと伝えてみよう。言い争いになるからと言って部屋に閉じこもったり、無視したりしていると、ますます関係が悪くなっちゃうよ。

★★★★★★★★★★★★★★★★★★★★★★★

Q. 自分の意見を言うのがこわい…

A. 意見をなかなか言えないのは、失敗したり、まちがったりするのがこわいからかも。みんなにすごいと思われようとするのではなく、リラックスして思ったことをそのまま表現してみよう。みんなに共感してもらえなくても、それがあなたの意見なんだから自由に発言してみて。

アウター別 冬の正解コーデ はこれでカンペキ！

寒〜いこの季節に欠かせないのが、あったかアウター。
冬のコーデを左右する4大アウターの着こなしテクを一挙大公開♡

Pコート

リーファーカラーと呼ばれる大きめのえりや、縦についたポケットが特徴。もともとは軍服として使われていたんだって！

\\Pコートにベストマッチ！//

丸いシルエットがかわいいボーラーハット。コーデのアクセントに☆

グレーのコートがコーデを大人っぽくシフト！

ガーリーなコートのお相手はピンクとリボンで決まり♡

POINT
Aラインコートのそでから、白のニットをのぞかせれば、甘さ120％に♡

Pコート×チェック×ハットで、冬のプレッピーもカンペキに決まった♪

12月のプチ情報　12月の和風月名は師走（しわす）。先生たちが忙しく走りまわる月という意味だよ。

ダッフルコート

フードつきのデザインが多く、トッグルというボタンとひもで前をとめるよ。丈が長いタイプは、ロングダッフルと呼ばれることも♪

冬 Winter 12月 コーデ♪

≪ダッフルコートにベストマッチ！≫

すそがふんわり広がったハイウエストスカートで、優等生ルックはカンペキ！

シンプルコーデにも好相性！万能なキャメルでおすまし

大きめなフードとAラインのシルエがツボ。スキニーやブーティーにも超マッチ♡

大好きなリボンのコートでラブリー＆キュートにお目立ち！

冬でもPOPに決めるならイエローダッフルにおまかせ★

POINT
ピンクのスカートの下にフリルをIN♪ラブリーすぎる絶妙な組み合わせ♡

ラッキー★ 好きな人とマンガの話をすると盛り上がりそう♥

オーソドックスな形のダッフルも、明るいカラーを選べば元気っコアピもバッチリ！

ダウンジャケット

中に羽毛が入ったジャケット。とても軽いのに保温性がばつぐんだから、通学にもおすすめ。冬アウターのテッパンだよ☆

Winter 冬 12月 コーデ♪

ダウンジャケットにベストマッチ！

ダウンに合わせるなら、マフラーよりも断然ハイネックのニットでしょ！

白のダウンならガーリーにもなれちゃうの♡

ハイネックニットとのキュートなコンビ♪

もこもこニットにビビッドイエローを重ね着！ガーリー度も増し増しに♪

ほどほど★考えごとで眠れないときは、ホットミルクを飲もう★

おハデなダウンにはすっきり系コーデがマッチ

POINT
ロング丈のダウンをコート風に着こなし。ガーリーなコーデにも相性バッチリ☆

ビビッドカラーのダウンが主役のボーイズMIX♪パンツとの相性もGOOD！

めざせ金賞♪ 上手に合唱するコツを覚えよう！

合唱コンクールでも大活やくまちがいなし♪
上手に歌をうたうテクニックをレクチャーするよ！

☑まずは姿勢をチェック！

いい声を出すためには、姿勢がとても重要なの。全身を軽くほぐしてから、力を抜いて立つようにしてね。正しい姿勢のポイントは下をチェックしよう！

☐ 肩幅に足を開く

☐ 背すじを伸ばす

☐ 両手は力を抜いて体の横に

☐ 軽く胸を張る

☐ 視線はやや上に向ける

☐ おなかを引っこめる

体がこわばっていると、声が出しにくいんだって！　肩の力をぬいてリラックス～♪

合唱上達のポイント

ポイント1 腹式呼吸を意識する！

腹式呼吸というのは、息を吸ったときにおなかをふくらませて、吐き出すときにへこませる呼吸法。基本は鼻から息を吸って、口から吐き出すよ。腹式呼吸には全身をリラックスさせる効果もあるから、日ごろから腹式呼吸を意識して生活してみよう！

Winter 冬 12月

合唱コン☺

いい日★ちがうクラスのコとも仲よくなれちゃいそう！

ポイント2 息つぎのタイミングは指揮者をよく見て

合唱では、息つぎのタイミングを合わせることも大切。指揮者をよく見て、指揮棒を振り上げるタイミングで息を吸いこむようにしよう。はじめのうちは、息つぎするポイントを楽譜に書きこんでおいてもOK！

ポイント
3 口を縦に開ける！

合唱で高い声を出すときは、口を縦に開けるイメージで歌うとキレイな声が出るよ。のどが開いて声量もUPするんだって♪ 頭のてっぺんから声を出すイメージで発声するとGOODだよ！

POINT
表情筋をゆるめよう！

軽く首を回したあと、口のまわりの筋肉を思いっきり動かしながら「あ・い・う・え・お」と言ってみよう。顔の筋肉がゆるんで、口を大きく開けやすくなるよ☆

ポイント
4 歌詞をしっかり頭に入れる！

合唱曲の歌詞はきちんと覚えておこう。楽譜がなくても自信をもって歌えるようになれば、姿勢や発声のことを意識する余裕がうまれるはず♪ 練習のときはまちがえてもOKだから、なるべく楽譜を見ないで歌うことを心がけてみよう！

ポイント
5 自分のパートの音楽を聞く！

ソプラノやアルトなどのパートに分かれているときは、自分の担当するパートの音程をきちんと覚えることが大切♪ 担当パートの音楽をたくさん聞いて、メロディーを頭に入れておこう。そうすれば、ほかのパートにつられずに歌えるようになるよ！

12月のプチ情報
12月の誕生石はターコイズ（トルコ石）。石言葉は「成功」だよ。何かに挑戦している人の背中を押してくれるの。

ポイント6 強弱を意識してみる！

音程をしっかりとれるようになったら、今度は強弱を意識してみよう。楽譜に書いてある強弱記号に注目したり、サビに向かってだんだん盛り上げていったりして、メロディーにメリハリが出ると、一気に合唱のレベルが上がるよ♪ 強弱をつけるポイントを、みんなで話し合ってみてもいいね！

Winter 冬 12月 合唱コン♪

ラッキー★いろいろな発見がある一日。勉強も楽しくなりそう！

ポイント7 遠くにいる人に声を届ける気持ちで歌う！

ただ大きな声を出すのではなく、離れた場所にいる人に声を届ける気持ちで歌うとさらにGOOD！声を遠くに飛ばすことを意識していると、少しずつ伸びのある声を出せるようになるよ♪

カラオケのときにもこのテクイ使えそう！今度ありさやしずくといっしょに行こ～っと♪

冬休みは手づくりクリパで盛り上がろう！

クリパに欠かせないオーナメントやパーティーメニュー。
じつはとってもカンタンに手づくりできちゃうよ♪

招待状をつくってパーティーに招待しよう♪

友だちをクリパに招待することになったら、まずは招待状を用意しよう！　招待状があるだけで、パーティーが一気に本格的なものになるの♡　友だちから招待状をもらったときは、おうちの人にどこでパーティーをするのか必ず伝えようね！

POINT 招待状に書くこと

★日付と時間
★どこでやるか
★持ちもの
★パーティーの内容
★メッセージ　etc.

招待状って、なんだかワクワクするね♪　もらった人がうれしくなるようなメッセージもそえよう！

＼クリパにぴったり！／
スイーツレシピ集

いちごのカップケーキ

いちご、ホイップクリーム、カップケーキが、まるでサンタ帽のようなスイーツだよ♥

用意するもの
※カップケーキ約4個分

生地
- バター……………………60g
  ※常温でやわらかくしておく
- 砂糖………………………60g
- 卵…………………………1個
- 薄力粉……………………100g
- ベーキングパウダー……小さじ1/2
- 牛乳………………………60ml

クリーム
- 生クリーム ………………100ml
- 砂糖………………………小さじ1

- いちご……………好みの分量

Winter 冬 12月 クリパ

ほどほど★体を動かして気分転換するのがよさそう♪

つくり方

1 ボウルに生地の材料を順番に加え、泡立て器でよく混ぜておこう。

2 混ざった生地をカップに分け入れ、180度のオーブンで約20分焼くよ。

3 砂糖を加えて泡立てた生クリームを、しぼり袋に入れるよ。

4 カップケーキの上をカットして平らにし、クリームをぐるっと一周しぼろう！

5 クリームの上にイチゴをのせ、さらにクリームをトッピングして完成だよ。

パンケーキ ツリー

何枚ものパンケーキが重なった、ごうかなツリー★ 食べるのがもったいなくなっちゃう!

用意するもの
※パンケーキ約6段分

- 薄力粉……………100g ┐
- ベーキングパウダー…4g │ A
- 砂糖………………30g ┘

- 牛乳………………75ml ┐
- ヨーグルト…………25g │ B
- 卵…………………40g ┘

- 生クリーム………100ml
- 砂糖………………小さじ2
- いちご……………好みの量

つくり方

1 Aの材料をボウルに入れ、泡立て器で軽く混ぜ合わせよう。

2 あらかじめ混ぜておいたBの材料を加えてね。

3 粉っぽさがなくなるまで、泡立て器でよく混ぜるよ。

4 ホットプレートやフライパンで生地を焼いていくよ。表面がふつふつしてきたら、フライ返しでひっくり返してね。

5 両面焼けたら取り出すよ。同じ手順で、大きさのちがうパンケーキをあと5枚焼こう。

6 パンケーキをお皿に移すよ。砂糖を加えて泡立てた生クリームをスプーンで表面にぬってね。

7 いちごを並べるよ。いちごは、半分～1/3くらいにカットしておくと並べやすいよ！

8 イチゴの上にひとまわり小さいパンケーキをのせてね。**6**と同じように、表面にクリームをぬろう。

9 これをくり返し、最後にいちばん小さなパンケーキをのせたら完成。ピックをさしてもかわいいよ！

オーナメントをつくろう！

雪の結晶

折り紙を切って雪の結晶づくりに挑戦！ 切りこみのパターンを変えれば、いろいろな形の結晶がつくれるよ☆

> つくり方

1

色のついた面を内側にして半分に折り、・から60度のところに印をつけよう。

2

1でつけた印にそって左側を折ってね。

3

同じように右側も折ったら、点線のところを山折りしよう！

4

斜線の範囲内に切りこみ用の線を描こう。下のPOINTも参考にしてね！

5

線を描いたところだよ。線のとおりに切ってていねいに広げよう！

≪完成！≫

POINT
切りこみパターンを変えてみよう！

12月のプチ情報　クリスマス・イブは、クリスマス前日の夜を指す言葉なんだ。もともとは、12月24日の1日を指す言葉ではなかったんだよ。

クリスマスリース

冬 12月

クリスマスシーズンには、かわいいリースが欠かせないよね！ 100円ショップで売っているリースを土台に、お家にあるアイテムを飾りつけて、クリスマス仕様に仕上げちゃお！

POINT

マニキュアでキラキラ感UP♡

葉っぱやボタンにラメ入りのマニキュアをぬってキラキラさせちゃおう！ ラメ入りの透明マニキュアや、ゴールドのマニキュアだと、はなやかになってクリスマス感が出るね♪

「みんなにプレゼントを用意したの」

「えーほんと!?」 全員か!?

わーステショだー

ん…？ まだある

「転校してきたとき本当は不安だったの」

「話しかけてくれてありがとう」

冬休みに挑戦！きゅんかわネイルテクニック

ほっこりかわいい指先で冬休みを大まんきつ…♡
冬ならではの愛されネイルで、とびきりキュートに決めちゃおう！

雪だるまネイル

冬ネイルの人気モチーフ、雪だるま。ちょっぴり細かい雪だるまの表情は、ゲルインキのボールペンを使えば、超カンタンに描けちゃうよ♡ キュートな顔を描いて、かわいく仕上げよう！

つくり方

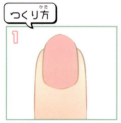

1 爪全体にベースになるカラーのマニキュアをぬろう。今回はピンクをチョイスしたよ♡

2 ベースのピンクが乾いたら、白のマニキュアで雪だるまの形を描くよ。しっかり乾くまでしばらく待とう。

3 ボールペンで表情や手、帽子などの装飾を描いて。インクが乾いたらトップコートで仕上げてね♪

12月のプチ情報　12月25日はクリスマス。英語で書くときは「X'mas」と略すことも！ イエス・キリストの生誕を祝う日なんだ。

クリスマスネイル

大人っぽいホワイトに、リースとツリーの
モチーフをオン♡ ラメやストーンを使え
ば、たちまちゴージャスな印象に早変わ
り！ クリパでは、みんなの視線をひとり
じめできちゃうかも☆

冬 12月 ネイル

ツリーのつくり方

1. 爪全体に白いマニキュアをぬって乾かそう。
2. トップコートを三角形にぬってのり代わりにし、ラメを振りかけよう。乾いたら、はみ出したラメは落としてね。
3. 乾いたら、全体にトップコートをぬって、ストーンやシールなどの飾りをつけよう。完全に乾いたら完成だよ！

リースのつくり方

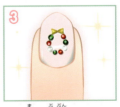

1. ツリーのときと同じように、まずは爪全体に白いマニキュアをぬって乾かすよ。
2. トップコートをぬって、ストーンを輪になるように並べよう。上は少しあけておいてね！
3. すき間の部分に、リボンのシールを貼って完成！上からさらにトップコートをぬると長持ちするよ。

ほどほど★宿題は終わった？ 今日は先生のチェックが厳しそう…！

年賀状で新年のあいさつをしよう！

お正月の楽しみの1つ、年賀状。一年の最初に送るお手紙は、とびきりかわいく仕上げて友だちをびっくりさせちゃおう♪

昔から続いている新年のあいさつの風習

日本には、昔から新年になるとお世話になった人のところへあいさつに行く風習があるよ。だけど、遠くに住んでいてあいさつに行けない人には代わりに「年賀状」を書いて送っていたの。明治時代に郵便ハガキが発売されるようになってからは、ハガキで年賀状を送る風習が広まり、今日までつづいているよ！

年賀状を書くときの注意

宛名や住所は正しく書こう
相手の住所や名前は、絶対まちがえないように気をつけて。たとえ無事に届いたとしても、宛名をまちがえるのはとても失礼だよ。

喪中のコには出さないようにして！
身近な人が亡くなった場合、約一年間は故人をしのぶ「喪中」という期間に入るよ。喪中だとわかっている友だちには出さないのがマナー。

「今年」と「去年」に注意しよう
年賀状が届くのは新年になってからなので、今年=新年という意味になるから注意してね。また、「去年」ではなく「昨年」とするのがマナーだよ♪

> 12月のプチ情報
> サンタさんのソリを引くトナカイは9頭いて、それぞれ名前もついているんだって！

ほめられ年賀状テク

テク1 イラストでにぎやかに！

定番なのはやっぱりイラスト。かわいいイラストを描いて年賀ハガキをにぎやかにしよう♪ 252ページからの年賀状イラストのアイデアも参考にしてね！

テク2 写真をデコろう♪

写真入りの年賀状を出すときは、かわいくデコるのがテッパン！ ペンで直接描きこんでもいいし、シールやストーンで飾るのもかわいいよ♡ ただし、ハガキだから配達中に取れないように、はがれやすいような飾りはひかえよう。

POINT フェルトペンがおすすめ！

写真の上からでもキレイに発色するペンがいろいろあって、写真をデコるにはうってつけだよ♪ ただし、インクがつきやすいから、ポストに入れる前にきちんと乾かすようにしてね。

テク3 マステで飾ってみる！

マステがあれば、柄のない年賀ハガキもあっという間にはなやかになっちゃうよ！ シンプルにフチどりしてもいいし、あえてランダムに貼ってみるのもアリ♪ 和風の柄のマステも、年賀状にはマッチしそう！

ラッキー★ ショッピング中にステキなアイテムに出会えそう！

年賀状イラストアイデア集

干支の動物

下のイラストをマネして、干支の動物をかわいく描いてみよう♪

子（ねずみ）

丑（うし）

寅（とら）

卯（うさぎ）

辰（たつ）

巳（へび）

午（うま）

未（ひつじ）

申（さる）

酉（とり）

戌（いぬ）

亥（いのしし）

> 12月のプチ情報
> 12月31日は大みそか。月の最後の日を「みそか」といって、大みそかは一年のいちばん最後の日のことだよ。

お正月モチーフ

どれもお正月ならではで、おめでたいイメージがあるよ♪

門松(かどまつ)

富士山(ふじさん)

コマ・羽根つき(はね)

冬 12月 年賀状

年賀状フレーズ集(ねんがじょう／しゅう)

年賀状によく使われるフレーズだよ♪ かわいくデコって使えば、おしゃれ度も上々♬

ラッキー★ 出かけた先でハッピーなことが起きそうだよ♪

253

16 おしゃれトラブルにご用心！

やりすぎたおしゃれや、まちがった方法によって体に悪い影響が出てしまうことを「おしゃれトラブル」というよ。おしゃれについての正しい知識を身につけて、これから先も長くおしゃれを楽しんでいこう♪

NG1 ヘアカラーやブリーチ

「少しだけ」でも絶対にNG！ 髪が傷んでしまうのはもちろん、カラー剤で頭皮がアレルギー反応を起こしてしまうこともあるの。フケやかぶれの原因にもなりかねないよ。

NG2 カラーコンタクト

不必要なコンタクトレンズの使用もダメ！ コンタクトを入れることで、目の中をキズつけてしまったり、網膜がはがれてしまったりする危険があるよ。最悪の場合、失明してしまうこともあるから注意して！ もちろん、眼科で処方してもらった度つきレンズは問題ないよ♪

12月のプチ情報
12月31日は、シンデレラデーとも呼ばれるよ♪ 夜中の12時の鐘が気になる日だからなんだって！

NG3 濃すぎるメイク

いきすぎたメイクは、肌に大きな負担をかけるよ。せっかく毎日スキンケアをしていても、メイクによって肌にストレスがかかると、ニキビや肌荒れの原因になってしまうことも！　メイクは特別なときだけ、短時間にとどめてね☆

NG4 メイクしっぱなし

メイクや日焼け止めを落とさずに寝ると、毛穴の黒ずみやニキビ、シワなどの原因になってしまうよ。汚れをそのままにしているのと同じことなので、ダニや雑菌が繁殖してしまうことも！　どんなに面倒くさいと思っても、メイクは必ずその日のうちに落としてね！

メイクを落とすときは…
クレンジングと呼ばれるメイク落としと、洗顔フォームを使うよ。正しい落とし方は157ページを見てね！

> まあまあ★友だちの話をじっくり聞くと、信頼してもらえそう♪

NG5 ピアス

耳たぶに針を通すのは、当然皮ふをキズつける行為。傷口から細菌が入って炎症を起こしたり、金属によるアレルギー反応を起こしたりする危険があるよ。イヤリングなら、穴をあけなくても楽しめるからおすすめ♪

NG6 長く伸ばした爪

ネイルアートを楽しむために爪を伸ばしたくなる気持ちはわかるけど、長く伸ばした爪には雑菌がたまりやすく、変形してしまう危険もあるよ。爪はこまめに短く切って、清潔にしておこう。

NG7 日光の浴びすぎ

114ページでも解説したように、太陽の光には皮ふにダメージを与える「紫外線」が含まれているよ。紫外線は肌にどんどん蓄積されて、大人になったときに、シミやシワになってしまうこともあるの。いつまでもキレイな肌でいられるように、今のうちから紫外線のケアを心がけよう！

12月のプチ情報
12月には、その年の流行語や「今年の漢字」が発表されるよ。今年はどんな言葉かな……？

手軽に二重まぶたをつくることができるアイプチにも、危険がいっぱい。目のまわりの皮ふはとくにデリケートだから、かぶれてしまうことがあるよ。また、使いつづけることでまぶたの皮ふが伸びて、垂れ下がってしまうことも！もちろん、プチ整形もNG！

高いヒールをはきつづけると、足には相当な負担がかかるよ。長い間、足に負荷をかけると、足が変形してしまったり、全身の骨格がゆがんでしまったりするの。一見スタイルがよく見えるヒールだけど、じつは危険な面もあるから注意してね。

ずっとおしゃれを楽しむために…

おしゃれが大好きなコにこそ覚えておいてもらいたいのが、みんなの体はまだまだ成長中だということ。大人にくらべて肌もデリケートでダメージに弱いから、おしゃれに関することでも「まだダメ」って言われることが多いの。これから先、大人になってもずっとおしゃれを楽しむために、今の自分に必要なおしゃれをきちんと理解しておこうね♪

今はメイクよりも、毎日のスキンケアが大事なんだって♪

ラッキー★対人運がGOOD！人気者になれちゃういそう♥

お年玉のマナーと活用法を覚えよう！

お正月のお楽しみといえば、お年玉。まわりのコたちはどんなことに使っているか気になるよね!?　JSのお年玉事情を調査したよ☆

お年玉をもらったときはお礼と報告を忘れずに♪

お年玉をもらったときは、必ずその場でお礼を言うようにしよう！「勉強に役立つものに使ってね」と言われたら、学校で使う道具や、勉強になる本、ステショなどを買うのに使うのがマナーだよ☆　お年玉をもらったことは、必ずおうちの人にも報告してね！

どうしてお年玉っていうの？

昔、お年玉はお金ではなくおもちだったの。一年のはじまりに、年の神様の魂が宿った鏡もち=「お年魂」を、家長が家族に分け与えるという風習があったんだって。「お年魂」という呼び方がやがて「お年玉」になったといわれているよ♪

1月のプチ情報　1月の和風月名は睦月（むつき）。お正月に親せきのみんなが仲よくすごす月という意味だよ。

JSたちの お年玉の使い方を大調査!!

まわりのみんなはお年玉をどんなふうに使っているのかな……?

Q 何を買うのに使ってる?

ファッションアイテムやステショを買っているコが多かったよ

圧倒的に多かったのが、洋服、くつ、バッグなどのファッションアイテムと、ステショ類。おしゃれに敏感なJSたちは、お年玉もおしゃれのために使っているみたい♡

Q どのくらいで使いきる?

一年かけてじっくり使うコが大半!

お年玉はちょっとずつ使うというコが多かったよ。次の年にお年玉をもらうまで、手持ちのお金がなくならないよう計画的に使っているんだって♪ なかには、何年分ものお年玉を貯めておいて、大きな買いものをしているというコも! その間は、おうちの人にお年玉を預かってもらっているんだって。

お年玉を使うときのポイント

ついついムダづかいしてしまうのを防ぐために、
おさえておきたいポイントを紹介するよ！

お年玉をどんなことに
使うか考えるのって楽しいよね！
わたしも計画を立てよっと♪

その1
一年間の使用計画を立ててみよう！

「今月は○○を買って、来月は○○を買う」というように、一年間のスケジュールをなんとなくイメージしてみよう。何か月か先に買いたいものが決まっていると、それまでお金をとっておかなくちゃいけないから、お年玉のムダづかいを防げるよ！

その2
残った分は貯金しておくと安心！

残ったお金が手もとにあると、何かしらに使いたくなってしまうよ。残金はおうちの人に預けて口座に入れてもらうか、貯金箱などに入れてすぐには使えない状態にしよう。貯金があると、本当に必要なものや欲しいものができたときも安心だよ☆

1月は英語でJanuary（ジャニュアリー）。ローマ神話のヤヌスに由来し、「はじまり」という意味があるの。

> その3

使った分は「おこづかい帳」に記録しよう！

お金を使ったときは、何にいくら使ったかを「おこづかい帳」に記入しよう。慣れるまでは少し面倒に感じるかもしれないけど、自分が使ったお金の流れを正確に知ることで、計画的にお金を使う力が身につくよ。

Winter 冬 1月

お年玉

POINT

おこづかい帳のつけ方

使ったお金（出金）と、もらったお金（入金）を記録しておけば、自分が持っているお金の動きがひと目でわかるよ♪

日付	ことがら	入金	出金	残金
1/1	おとしだま	¥10,000		¥10,000
1/4	まんが		¥600	¥9,400

「ことがら」の欄には、どんなことに使ったかや、なぜお金が入ったかを書いておくよ。

入ったお金は「入金」の欄に、使ったお金は「出金」の欄に金額を書こう。

「残金」の欄には、自分の手もとに残っている金額を書いておこう。

まあまあ★ 心の中で「信じてる！」と唱えればうまくいくはず！

スケジュール帳は かわいく見やすく 記入しよう！

一年のはじまりには、手帳を買うというコも多いはず！
わかりやすくてかわいい手帳の記入テクを大公開しちゃうよ♡

書き方のポイントをチェック！

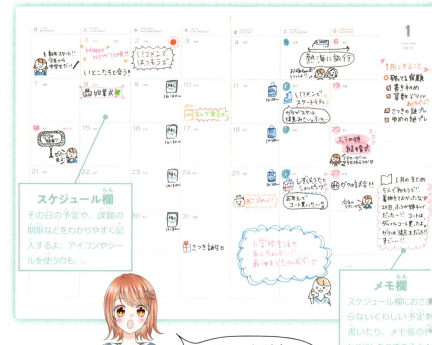

スケジュール欄
その日の予定や、課題の期限などをわかりやすく記入するよ。アイコンやシールを使うのも◎。

メモ欄
スケジュール欄におさまらないくわしい予定を書いたり、メモ帳の代わりにしたりできるよ。

友だちの誕生日や習いごとの日…学校行事の日も書いておかないと！

マネしたい！手帳の活用テクニック

♥ カラーペンや蛍光マーカーでにぎやかに！

スケジュール帳は、カラーペンや蛍光マーカーを使って書こう！　にぎやか＆楽しい雰囲気になるだけじゃなく、たとえば「お休みの日の日付は蛍光マーカーでぬる」「学校行事はカラーペンで囲う」などとルールを決めれば、予定がひと目で確認できるよ♪

♥ ふせんを使って目立たせる

現在の月のページにふせんを立ててわかりやすくしたり、貼ったふせんの上に文字を書いたりと、ふせんはいろいろなことに使える万能アイテムだよ。お気に入りのデザインのものを用意しよう♪

♥ やるべきことはチェックリストに

やるべきことをメモするときは、✔をつけるマスをつくってリストにしておくとわかりやすいよ。できたことから□に✔をつけていこう！

Winter 冬 1月 手帳

ラッキー★　勝負運が上昇中！　試合やテストには強気でいどもう♪

♥ イラストやシールで予定をかわいく管理！

学校、宿題、習いごと、お出かけなど、よく使う予定はアイコンをつくっておくとわかりやすいよ！ アイコンはスケジュール用のシールを使ってもいいけど、手書きのイラストだとさらにかわいい♡ 右の例を参考にしながら、自分だけのオリジナルアイコンをつくってみてね☆

オリジナルのアイコンってかわいいね♡
誕生日のマークは、プレゼントやロウソクでもよさそう！

POINT

イラストの例

 学校の予定は校舎のアイコンで管理！

 ノートのイラストは宿題のメモに使えるよ！

 テストの日は鉛筆のアイコンを描いておこう。

 お買いものの日はドレスのアイコンで♡

 友だちの誕生日には、ケーキのマークを！

♥ メモ欄は日記にしてもOK！

メモ欄が一日ごとについている手帳もあるよ。そんなときは、ぷち日記をつけるのもおすすめ！ その日の天気や出かけた場所、楽しかったことなどをメモしておけば、あとで見返したときに楽しいよ♪

1月のプチ情報
1月の誕生石はガーネット。「真実」などの石言葉があり、努力を成功に導くパワーがあるの！

♥ 欲しいものを書いたり スクラップしておく！

自分の欲しいアイテムのキリヌキを貼ったり、値段やお店をメモしておいたりするのもおすすめ！手帳を開いたときに、欲しいアイテムがたくさん並んでいたら、楽しい気分になるよね。欲しいと思ったものをすぐに買わず手帳にメモするクセをつけると、ムダづかいも防げるし、お金の使い方も上手になるよ♪

Winter 冬 1月 手帳

注意

学校には持って行かないでね！

手帳には、あなたのプライベートな予定や大切なメモがつまっているよ。そんな大切な手帳をもしも学校でなくしてしまったら一大事！日記などをつけている場合はとくに、外には持って出歩かず、自分の部屋やお家の中で大切に保管してね。

いい日★にぎやかな場所に出かけよう。意外な出会いがあるかも！

初もうでは着物を着て出かけよう！

おしゃれ

日本の伝統的な和服のことを「着物」というよ。着物を着ると、自然と背すじが伸びて、大人っぽい雰囲気になれるんだって♪

晴れ着を着るのは昔からの伝統だよ！

お正月に着物を着る風習は、じつはとても昔からあるものなの。江戸時代には「着衣始」といって、お正月になると新年にふさわしい新しい着物をおろす習慣があったんだって！　今でも、お正月に着物を着ることはとても縁起がいいとされているから、運気がUPするかもしれないね！

着物はレンタルもできるんだって！　お母さんにたのんでみようかな〜

着物の種類を覚えよう

小紋
全体に同じ柄が入っている着物のこと。お買いものやちょっとした外出のときなどに、気軽なおしゃれ着として楽しめる着物だよ。

色無地
模様がなく、一色で染められた着物のこと。背中に家紋のマークが入った色無地は「一つ紋」といって、格式の高い着物になるよ。

訪問着
「絵羽」と呼ばれるはなやかな模様が入った着物のことだよ。結婚式など、フォーマルな場にもふさわしい着物なの！

1月のプチ情報

1月の誕生花はシンビジウム。「飾らない心」や「そぼく」などの花言葉がある、ランの一種だよ。

お手本コーデをチェック！

着物を使った初もうでの
お手本コーデを紹介！

新春をいろどる
はなやかなピンク色♪

ベレー帽をかぶって
和洋MIXコーデの完成

Winter 冬 1月

着物コーデ♪

POINT
明るい桃色の着物は
そでがレースになって
いるの♪ 大きめアクセ
をチョイスして、
ちょっぴりお目立ち♡

POINT
紺色の地に大きな柄が
はえる大人っぽいデザ
イン。えりや帯にピン
クをのぞかせて、乙女
ゴコロは忘れません♡

カラカラ

おみくじ

あら大吉〜！

2番 大吉
健康
恋愛 迷わず進め

うん
わたしらしく
がんばらなきゃ

ソウマくん
おみくじ
どうだったー？

冬のうちに冬太りを解消するテク

お正月のごちそうをおなかいっぱい食べて、気づいたら体重が増えていた…!? 新学期がはじまる前に、なんとかしなきゃ!

規則正しい生活にもどして冬太りを撃退しよう!

おいしいごちそうが並ぶお正月シーズンは、気づかないうちに食べすぎてしまっているもの。体重計にのってみてびっくり! なんてことも多いよね。そんなやっかいな冬太りだけど、いつもどおりの規則正しい生活にもどせば解消できる場合がほとんど。まずは冬太りの原因を知って、正しい方法で解消しよう!

冬太りの原因はこの3つ!

食べすぎ
おせち料理やお雑煮、おもちなど、ごうかなお料理が並ぶお正月は、ついいつも以上に食べてしまっている可能性が!

運動不足
休み中、こたつでダラダラしちゃってない? 学校へ行かないぶん、運動をしないため、カロリーの消費量が減ることも原因。

むくみ
お正月の料理には、塩分が多いものもたくさんあるよ。塩分のとりすぎで体がむくみやすくなっているのかも……!?

1月のフナ情報
1月1日は元日。年のはじめを祝う日だよ。ちなみに元旦は、「元日の朝」という意味があるんだ。

冬太り解消テクニック

冬太りの原因をひとつずつ撃退していくための方法を紹介していくよ！

❶ 食事の量をいつもどおりに

自分でも気づかないうちに、一度に食べる量が増えてしまっていることが多いよ。まずは一回の食事につき、腹八分目を意識してみよう。そのうち胃の大きさがいつもどおりにもどって、少しずつ体重ももどるはず。

いただきます！

いきなり極端にごはんを減らすとストレスになってしまうよ！腹八分目を意識することが大事！

❷ 適度な運動を取り入れる

学校に行っているときは、登下校や体育などで自分が思っている以上に運動しているよ。だけど、お正月におうちでゴロゴロしてばかりいるとカロリーの消費量がぐんと落ちてしまうの。ちょっとしたエクササイズでOKだから、冬休みの日課にして取り入れてみてね！

=== おすすめエクササイズ ===

冬太りの解消には、なわとびやジョギング、ダンスなどの有酸素運動がおすすめ。一日20分程度を目安に、毎日つづけることが大切だよ♪

Winter 冬 1月

冬太り解消

超ブルー★体調をくずしやすい一日。夜ふかしはNGだよ！

❸ むくみをしっかりとる

夜になると足がパンパンになるのって、むくんでいたからなんだ！

人間の体は、全身に「リンパ管」という、細い管のようなものが張りめぐらされているよ。リンパ管の役割のひとつに、体内の老廃物を運ぶというものがあるんだ。リンパの流れが滞ると、余計な水分が体にたまって、むくみになるんだよ。このむくみをとるには、リンパの流れをよくして、水分をうまく体の外に出すさせることが大切。下で紹介する食材を積極的に食べたり、ストレッチしたりしてみよう！

POINT

むくみを解消する食べもの

アボカド
血液の流れをよくするビタミンEが多く含まれているよ。

バナナ、ごぼう
代謝をよくするビタミンB1が豊富に含まれているの♪

すいか、きゅうり
余分な水分を体の外に出す働きのある、サポニンが豊富！

ブルーベリー
血液をサラサラにする、ポリフェノールを多く含んでいるの。

えだまめ
塩分の分解を助けてくれる、カリウムが含まれているよ。

かんきつ類
かんきつ類に含まれるクエン酸は、水分の排出をうながすよ。

1月のプチ情報
新年最初に見る夢は初夢といって、富士山、タカ、なすが出てくると縁起がいいといわれているよ♪

カンタン！ むくみ解消ストレッチ

お風呂上がりに実践したい、全身をすっきりさせるストレッチを紹介するよ！

準備運動

まずは全身の血流やリンパの流れをよくするために、ブラブラ体操をやってみよう。あおむけに寝転んだ状態で両手両足を真上に上げ、ブラブラと20秒間ゆするだけ！リンパの流れがよくなると、むくみの解消につながるから、毎日やってみてね♪

カンタンなのに、なんだか体がポカポカしてきた！　血行がよくなっているのかも！

Winter 冬 1月

冬太り解消♪

いい日★勉強運がGOOD！ニガテな教科にもチャレンジを♪

3秒かかと上げ

1 両足を軽く開いて立とう。両手はおいのりするみたいに組んでおいて。

2 その状態からゆっくりとかかとを上げ、3秒キープしよう。

3 ゆっくりとかかとを下ろすよ。2～3を10～20回ほどくり返してね。

股関節ほぐし

1 両方の足の裏どうしをつけて座るよ。

2 深呼吸しながら、両方のひざあたりをゆっくり押し、股関節を開いて。

3 深呼吸をつづけたまま、2の姿勢を30秒キープしよう！

足首回し

1 左足をまっすぐ伸ばし、右足を曲げて左足の上にのせるよ。

2 右足をつかみ、足首をまわそう。左右に30回ずつ回してね。

3 足を組み替えて、左足首も同じように30回ずつ回してね。

273

マフラーを おしゃれに巻いて まわりに差をつけよう♡

冬のコーデに欠かせないマフラーだけど、毎日同じ巻き方じゃつまらない！気分に合わせた巻き方でおしゃれ度をUPさせよう♪

巻き方しだいで印象がガラッと変わる！

同じマフラーでも、巻き方が変われば印象も全然ちがってくるよ！冬の間は毎日のようにつけるものだから、巻き方もついワンパターンになりがちだけど、コーデに合わせていろいろな巻き方にチャレンジすれば、おしゃれの幅も広がるはず♡

TALK ROOM♥

ガク
お前、そのマフラーどうやって巻いてんの?

ありさ
これ、ポット巻きっていうんだって。本を見ながらやったら、意外とカンタンだった♪

人気のマフラー柄ベスト3 （編集部調べ）

1位 チェック
"かしこ見せ"が叶うチェック柄が大人気！

2位 無地
どんなファッションにも合うのが人気の理由。

3位 レオパ
やんちゃなレオパ柄をコーデのアクセントに。

定番テク

まずは定番の巻き方をチェック！ あっという間に巻けちゃうのにかわいいマフラーテクを2種類紹介するよ！ 今日からチャレンジしてみよう♪

テク1
ワンループ巻き

マフラーを半分に折って首にかけ、輪の中にすそを通そう。

輪に通したマフラーのすそを軽く引っぱり、形を整えてね！

テク2
後ろしばり

マフラーを首にかけ、左右のすそを胸の前でクロスさせよう。

マフラーのすそを、そのまま後ろへまわし、ひとつ結びにしてね。

Winter 冬 1月 マフラー♪

まあまあ★ 「おやすみなさい」と大きな声で言うと、よく眠れそう♪

上級テク

ちょっぴり工夫をこらした上級者向けのテクニックを紹介。小物の使い方にだってとことんこだわりたいというコは要チェックだよ！

テク3
リボン巻き

大きなリボンが首もとにくる巻き方。学校でも外出先でも、注目されることまちがいなしのガーリーなスタイルだよ♪ リボンの輪の部分をふんわりとさせるのがポイント！

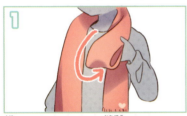

1 首にかけたマフラーの片方のすそをふたつに折り、イラストのように手に持って。

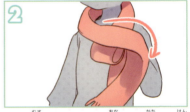

2 リボン結びをするときと同じやり方で、反対側のすそをぐるっと巻きつけていくよ。

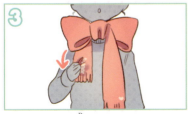

3 リボンのすそを引っぱりながら、シワを伸ばしてバランスを整えよう。

4 両方の輪をキュッと引っぱって完成。ガーリーなマフラーを使うとかわいいよ♡

1月のフナ情報

「初もうで」は、年が明けてから、はじめて神社やお寺に参拝することだよ。今年一年がいい年であるように祈るんだ。

テク4
ポット巻き

長めのマフラーがあるときは、ポット巻きにチャレンジ！首まわりをしっかりおおえるから寒い日にもおすすめだよ。首もとがV字にあいたPコートと相性ばつぐんのスタイル♪

> シンプルなコーデの日も、この巻き方なら存在感はバッチリだね！

冬 1月 マフラー

ほどほど★ちょっとのゆだんで失敗しちゃうかも。気を引きしめよう！

1

マフラーを首に一周巻くよ。左右のすその長さが同じになるようにしよう！

2
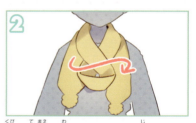

首の手前の輪をねじって8の字をつくるよ。マフラーが2本入るサイズで。

3

2でつくった輪の中に、左右すそを入れよう。輪の上から差しこむようにして。

4

輪の下から出てきたすそを軽く引っぱり、形を整えたら完成だよ！

タロットカードで一年の運勢をチェック

タロットカードって?

タロットうらないに使われるカードのことで、正式には78枚で1組になっているよ。そのうち、うらないによく使われるのは22枚の大アルカナで、それぞれカードの意味を表す絵が描かれているよ♪

今年の運勢がわかるうらないなんだって！深く考えず、直感でカードを選んでみよう☆

有名なうらない師のもとへやってきたあなた。部屋に入ると、机の上に3枚のタロットカードが置かれていました。「この3枚のカードから、あなたが直感でよいと思った1枚を選んでください」と、正面に座っていたうらない師が言いました。Ⓐ～Ⓒの3枚のカード、あなたはどれを選ぶ？

1月のプチ情報
1月の第二月曜日は成人の日。20歳になった人をお祝いする祝日だよ。

Aを選んだ人は…

好奇心や期待を意味する「魔術師」のカード！

魔術師のカードが、あなたの夢の実現を暗示しているよ！　今年は目標にしていたことをやりとげたり、長年の夢が叶ったりしそうだよ。リーダーや委員長などの責任ある仕事をまかされることもあるかも……！

わたしはこのカードを選んだよ。夢の実現なんて、ドキドキしちゃう…♪

♥ LOVE

意外な相手からの告白にとまどってしまうかも…

一年の後半にかけて、モテ期到来の予感♡　ステキなコからのアプローチも多そうだけど、意外な相手から想いを告げられてとまどってしまうかも。自分の気持ちがわからなくなってしまったときは無理に答えを出そうとしなくてOKだよ。

¥ MONEY

お金の使い方次第で運気が上昇！

今年はお金の使い方で運勢が決まりそう！　おこづかいは自分の夢や将来のために使うようにしよう。勉強に役立つ本や、ステショを買うのもよさそうだよ♪　残ったお金は使いきるのではなく、きちんと貯金しておくと、運気がUPするよ！

✎ STUDY

頭がさえて勉強に集中できそう！

今年はとくに集中力がUPする年。努力をすればそれだけ自分の力になっていくのが実感できて、勉強を楽しいと感じることが多そう。美的センスが上昇する兆しがあるから、絵や作文、音楽など、芸術分野での活やくも期待できそうだよ☆

ほどほど★元気が出ない一日。ゆっくり過ごすのがよさそう。

Bを選んだ人は…

楽しい毎日を意味する「恋人たち」のカード！

今年は楽しいことがいっぱいの年になりそう！ まるで恋人とすごす楽しいひとときのように、あっという間に時間がすぎていきそうだよ♪ 新しい出会いが増えて、友だちの輪も広がりそうな予感……♡

わたしが選んだカードは「恋人たち」だったよ！ 楽しいことがいっぱいだなんてうれしいな♪

♥ LOVE

大きなチャンスがやってくるかも！

恋愛に大きな変化が訪れる年になりそう。好きな人に自分から告白して両想いになれるなど、恋愛運はプラスに働きそうだよ！ 恋愛にはあまり興味がないというコも、今まで気づかなかった恋愛感情に気づかされるキッカケがあるかも……!?

¥ MONEY

必要なお金がまいこんでくる年

思わぬ臨時収入があったり、欲しかったものをプレゼントしてもらえたりと、金運はかなりいい兆しだよ♪ だからといって、ムダづかいしていたら、あっという間にすっからかんに……！ お金の使い道は、きちんと考えようね☆

✏ STUDY

ニガテ科目克服のチャンス！

チャレンジに向いている年。ニガテな科目を克服するにはもってこいだよ。勉強運が絶好調の今年は、今までわからなかったところも理解できるようになるかも！ 疑問に思ったことは先生や友だちに聞いてみるなど、積極的に行動してみよう☆

1月のプチ情報
1月は、駅伝や大ずもうの初場所、サッカーの天皇杯などいろいろなスポーツの大会があるよ★

Cを選んだ人は…

キラキラ輝く光を意味する「太陽」のカード！

太陽の助けを借りて、今よりもっと輝ける一年になりそう！　長年の夢が叶ったり、目標を達成できたり、いろいろなことで成功できる予感☆　どんなに大変なことも、きっとできると信じて行動してみよう！

> 目標の達成か…。
> 前向きに行動してみることが大事なんだね。
> わたしもがんばろう！

ラッキー★ 席がえで好きな人の隣になれちゃうかも!?

LOVE

明るく前向きな恋ができそう！

まわりの人から祝福される、ハッピーな恋愛ができそうだよ♪　告白は待つよりも自分から行動するのが◎。とにかくエネルギーにあふれた年なので、恋愛と勉強の両立などもうまくいきそうだよ。思い立ったらとにかく行動してみて♡

¥ MONEY

小さなラッキーがいくつも重なる年★

クジ運が絶好調！　ちょっとした抽選や席がえのクジ引きなどでパワーを発揮できそうだよ♪　今年は小さなラッキーがいくつも重なるけど、一年の後半になるにつれてます金運が上昇していく予感……！　臨時収入があるかも!?

STUDY

きちんと目標を設定するのが吉！

勉強に関しては、自分の目標をきちんと決めておくことでパワーが発揮できそうだよ。「テストで○点以上とる」とか、「宿題を絶対に忘れない」などのように、目標は具体的なものが◎。ひとつ目標を達成したらまた別の目標を立てて、コツコツ努力していこう♪

カンタンかわいい♡ 友チョコ&恋チョコ レシピ集

甘～い季節がやってきた！　友チョコ派も恋チョコ派も大満足のスイーツレシピ&ラッピングテクをレクチャーするよ♡

ミニチョコタルト

ひと口サイズで食べやすい♪　友だちといっしょにデコっても盛り上がれそう！

用意するもの

※タルト約10個分

チョコレート ……… 100g
生クリーム ………… 50ml
タルト型（市販）… 10個
チョコペン、お好みの飾り

つくり方

1 チョコレートをきざんで細かくしよう。

2 1をボウルに入れ、熱湯につけながら溶かすよ（湯せん）。

3 2に500Wの電子レンジで30秒温めた生クリームを加えてよく混ぜてね。

4 チョコをタルト型に入れ、冷蔵庫で冷やし固めよう。

5 チョコペンやアラザンなどでかわいくデコって完成！

《ラッピング》
持ち手リボン

≫くわしくは 288ページ

2月のプチ情報
2月の和風月名は如月（きさらぎ）。まだ寒くて衣服を重ね着する月という意味。衣更着とも書くよ♪

マシュマロチョコ

一度食べたらやみつきになっちゃいそう！ ふわふわザクザクの食感がたまらない～♥

冬 2月 チョコレシピ

用意するもの

※18cmパウンド型サイズ

- チョコレート ………100g
- マシュマロ …………30g
- クルミ、レーズン …各10g
- お好みの飾り

《ラッピング》

キャンディー風
》くわしくは 288ページ

ふつう★ ペンポを整理すると、運気がアップしそうだよ★

つくり方

1

湯せんで溶かしたチョコにマシュマロ、クルミ、レーズンを加えてよく混ぜてね。

2

長方形の型にキッチンペーパーを敷いて、**1**で混ぜたチョコを流し入れるよ。

3

チョコの表面は平らにならしておこう。

4

お好みで飾りつけをして、冷蔵庫で冷やし固めてね。

5
チョコが固まったら型から取り出して、均等にカットするよ。お好みでもっと小さく切ってもOK！

> チョコを溶かすときは、前のページと同じように湯せんしたよ♪ やけどに注意してね！

チョコブラウニー

本格的なブラウニーに挑戦。棒をさしてデコレーションすると、アイスキャンディーみたいでかわいいね！

《ラッピング》
リボン結び
≫くわしくは289ページ

用意するもの
※18cm角1台分

チョコレート	……150g
バター	……60g
牛乳	……大さじ3
砂糖	……60g
卵	……2個
薄力粉	……60g
ホワイトチョコ	……40g
いちごパウダー	……小さじ1/2
お好みの飾り	

つくり方

1 湯せんで溶かしたチョコに、常温においたバター、牛乳、砂糖、卵を順番に加えて混ぜて。

2 1が混ざったら薄力粉を加え、粉っぽさがなくなるまでよく混ぜよう。

3 キッチンペーパーを敷いた型に流し入れ、180℃のオーブンで20分焼くよ！

4 焼き上がったブラウニーを12等分し、あら熱をとって。

5 湯せんで溶かしたホワイトチョコをぬって飾りつけよう。いちごパウダーを混ぜるとピンクに！

6 表面のホワイトチョコが固まったら、スティックをさして完成！

2月のプチ情報　2月は英語でFebruary（フェブラリー）。ラテン語で「つみほろぼしの月」という意味なんだって！

フレークチョコ

くだいたコーンフレークを混ぜるだけ！
すぐできちゃうのにとってもおいしいの♥

用意するもの
※ハート2個分

チョコレート ………100g
コーンフレーク ……80g
お好みの飾り

《ラッピング》
ハートBOX
》くわしくは289ページ

Winter 冬 2月

チョコレシピ

つくり方

1 コーンフレークをくだき、湯せんで溶かしたチョコと混ぜるよ。

2 ハートの型に入れて、表面を平らにならそう。

3 お好みで飾りつけし、冷蔵庫で冷やし固めたら完成！

はい
これ

言っとくけど
友チョコでも
義理チョコでも
ないから！

…ありさ
オレ——

ラッピングアイデア集

バレンタインにぴったりのキュートなラッピングを4つ紹介するよ☆

持ち手リボンラッピング

やり方

持ち手みたいなリボンがこって見えるの♡

1 袋にチョコを入れるよ。中にレースペーパーを入れるとかわいい♡

2 袋の口に長さ20cmのひもやリボンを置いて、手前に2回折るよ。

3 ひもの両端を持ってキュッと結び、そのまま口をしぼろう。

4 ひもをリボン結びしよう。ひもが長い場合は切って、形を整えてね。

キャンディー風ラッピング

やり方

1 ワックスペーパーを、6cm×6cmにカットして。中央にチョコを置くよ。

2 上下を折って筒状に。さわりすぎるとチョコが溶けるから注意！

3 端をキュッとしっかりひねろう。両端をひねったら、完成だよ！

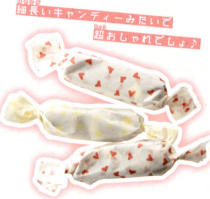

細長いキャンディーみたいで超おしゃれでしょ♪

2月のフチ情報　スキー場は標高が高いところにあることが多いから、じつは平地よりも紫外線が強いよ。スキー中の日焼けに注意しよう！

リボン結びラッピング

やり方

1 小分け袋をチョコがすっぽり入るサイズに切るよ。チョコを入れて…。

2 口を、好きな色のリボンでキュッとしばれば完成だよ!

Winter 冬 2月 チョコレシピ

すっごくカンタン♪
色つきの袋に入れるとおしゃれな雰囲気だね☆

棒つきチョコはこのラッピングで決まり!

ブルー★思った以上に疲れているみたい。今日は早く休んで。

ハートBOXラッピング

やり方

1  チョコをつめる箱を用意。紙パッキンを敷きつめよう。

2 チョコを箱の中央にセット。箱はできるだけぴったりサイズだと◎。

3 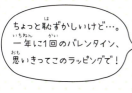 箱を閉じ、リボンで結べば完成! 箱にシールを貼るのもおすすめ。

本命への気持ちはストレートに伝えて…♥

ちょっと恥ずかしいけど…。
一年に1回のバレンタイン、思いきってこのラッピングで!

アイテム別！ガーリーヘアアレテクニック

かわいいヘアアクセがたくさん登場するこの時期は、
アイテム別にヘアアレを楽しんじゃおー☆

ニット帽

冬の定番アイテム！ スポカジな印象があるニット帽も、ヘアアレ次第でガーリーテイストに早変わり♡

細めのみつあみなら帽子との相性もバツグン★

つくり方

1

サイドの髪を少しとり、細めにみつあみするよ。右に2本、左に1本くらいがおすすめだよ！

2

みつあみがくずれないようにニット帽をかぶろう。前髪を整えたら完成だよ♪

ヘアバンド

つけるだけでおしゃれ度UP♪ いつもと雰囲気を変えたいときにおすすめのアイテム。柄や素材もいろいろあるよ。

Winter
冬
2月

ヘアアレ♪

みつあみリングでイイコちゃん度も急上昇♪

まあまあ ★ 元気にあいさつすると、新しい友だちができそう★

つくり方

1 髪を2つに分けて耳の横あたりで結ぼう。結んだ髪は、毛先ギリギリまでみつあみにしてゴムでとめておいてね。

2 みつあみをくるっとリング状にして耳の後ろでとめるよ。アメピンを何本か使ってしっかり固定して。

3 最後にヘアバンドをつけたら完成！ みつあみのリングがくずれないよう、慎重にね♪

飾りヘアゴム

ＪＳに大人気！ アクセがついたヘアゴムはアレンジの必須アイテムだよ♪ いろいろなテイストのものを集めてね。

毛先を自然に遊ばせてこなれ感をGET♥

つくり方

1. 髪を2つに分けて、高めのツインテールに。最後は毛先まで抜ききらず、おだんごにしてね☆

2. ゴムの部分を押さえながら少しずつ髪を引っぱり出して、おだんごをラフな感じにするよ。

3. 最後に飾りヘアゴムでもう一度結んで完成！ 髪の量が多いコにもおすすめのヘアアレだよ♪

2月のプチ情報

2月の誕生花はフリージア。春を感じられるいい香りがする花で、「あどけなさ」などの花言葉があるよ。

飾りピン

パッチンピンやアメピンなど、いろいろなタイプがあるよ！
ちょっとしたアクセントにぴったり♡

Winter 冬 2月

ヘアアレ♪

つくり方

髪をすべてまとめて、高めの位置でポニーテールにしよう。おくれ毛が出ないようにきっちりと！

結んだ毛束を三等分して、それぞれみつあみに。毛先まであんだら細いゴムで結んでね。

みつあみに飾りピンをとめていくよ。とめる位置はあえてバラバラするのがGOOD！

ほどほど★恋のライバルが出現…!? あきらめないでがんばって！

みつあみポニーに はなやかさをプラス！

293

血液型別 恋愛うらない

A型の恋愛を徹底ガイド！

好きになったらひとすじ！ 一途に追いかける恋♥

信じた道を突き進むA型は、恋愛にも一直線！　恋をすると、相手のことしか見えなくなっちゃうところがあるみたい。だけど、じつは積極的なアプローチがニガテ。ライバルに先を越されないように、勇気を出すことも大切！

相手のことしか考えられなくなるような恋って、ちょっとあこがれるな

相性がいいのは… AB型のコ！

ちょっぴり奥手なAB型のコとは、お互いを尊敬し合える大人なカップルになれそう♡ だけど、どちらもひかえめタイプなので、なかなか告白ができないかも……!?

A型のコとは…
お互いに気をつかいすぎてギクシャクすることも。すなおに本音を伝えてみよう♪

B型のコとは…
自由すぎる相手に振りまわされちゃうかも!?　言いたいことは我慢しないのが◎。

O型のコとは…
相手のおおざっぱなところを大目にみてあげれば、うまくいきそうだよ！

2月のプチ情報　立春の前日は節分の日。毎年2月3日ごろで、豆まきをしたり、恵方巻を食べたりする習慣があるよ！

B型の恋愛を徹底ガイド！

恋にルールなんてない！
マイペースで自由な恋♥

束縛されるのがイヤで、マイペースな恋愛を好むB型。相手とは心友みたいな関係！というコも多いんじゃないかな。ちょっぴり移り気であきっぽいところもあるB型だけど、まわりの人にとらわれない前向きな恋ができるよ♡

えっと、B型と相性がいいのはO型！
ねぇガワ、ソウマくんの血液型知ってる？

…知らん

ほどほど★ハプニングの予感が！慎重に行動してね。

相性がいいのは…

O型のコ！

好奇心旺盛で楽しいことが大好きなふたりは、恋愛の相性もバッチリ！　いっしょに新しいことにチャレンジしていくうちに、自然とキズナが深まっていくはず♪

A型のコとは…
ちょっぴりさびしがり屋なA型の相手には、あなたから積極的に連絡してみよう！

B型のコとは…
共通の話題で盛り上がれるふたりは、心友みたいなカップルになれそう♪

AB型のコとは…
お互いにひとりになれる時間を大切にすると、うまくいきそうだよ☆

O型の恋愛を徹底ガイド！

障害があるほど燃える!?
情熱的な恋♥

恋愛に障害があるほどやる気が出るO型。とても情熱的な一面をもっていて、積極的なアプローチも得意だよ♪ 目標が高いほど燃えるので、恋愛もつねに全力！ 映画やドラマのような、ロマンチックな恋ができそうだよ♡

積極的なアプローチ…!? そんなのしたことないからわからないよ〜（涙）

相性がいいのは…
A型のコ！

まわりに気づかいができるA型と心の広いO型は、自然体でいられるカップルになれそう。いっしょにいるとお互いリラックスできるので、恋も長つづきしそうだよ♪

B型のコとは…
ふたりで話すときはなるべく聞き役に。共通のしゅみがあると盛り上がれるよ！

O型のコとは…
さりげなく相手をほめてあげて。そんなひかえめな姿に好感を持ってもらえそう♡

AB型のコとは…
相手を質問攻めにするのはNG。束縛していると思われちゃうかもしれないよ！

2月のプチ情報
2月11日は建国記念の日。国がつくられたことをお祝いする日なんだって♪

AB型の恋愛を徹底ガイド！

ちょっぴり慎重!?
時間をかけて深める恋♥

相手のことを少しずつ好きになることが多いAB型。恋にはちょっぴり慎重で、じっくり考えてから行動するタイプだよ。少しずつキョリを縮めていくのが理想で、人のペースに惑わされないクールな恋愛ができそうだよ♡

慎重になりすぎて、結局行動できなかったりするんだよね…

超ラッキー★ ずっと欲しかったものがゲットできちゃいそうだよ♥

相性がいいのは…
B型のコ！

おっちょこちょいな人を放っておけないあなたは、弟タイプのB型と相性ばつぐん。何かと世話をやいているうちに、いつの間にかそのコが恋愛対象になってるかも!?

A型のコとは…
さりげなく相手にアドバイスしてあげると、頼れるコだと思ってもらえそう♪

O型のコとは…
じつはギャップに弱いO型には、女のコっぽいところをアピールしてみるとGOOD☆

AB型のコとは…
相手もこだわりが強いので、しゅみを押しつけるのはNG。ワガママはひかえめにね♪

冬→春へ スイッチコーデ のポイントをチェック！

まだまだ寒い日が多いけど、気分はもう春！ そんな季節の変わり目におすすめなスイッチコーデのテクニックを紹介するよ♪

1 明るい色のアウターにチェンジ！

キャメルや水色、ピンクなど、まずはアウターの色から変えてみよう！ コーデの主体の色が変われば、たちまち全体が明るい印象に♪ 自然と気分も軽くなっちゃうよ！

2 チュールスカートで軽さを取り入れる！

コーデにチュールレースを取り入れると、ふんわり軽い印象になって◎！ トレーナーやニットを着ている日でも、チュールスカートをはくだけで脱・冬コーデになるのでおすすめだよ☆

すけ感のある素材が春らしいコーデのポイントなんだね♪

3月の和風月名は弥生（やよい）。草木がだんだん生えてくる月という意味だよ。

3 ベージュにはパステルカラーをプラス！

冬の間も大活躍するベージュのアイテムは、パステルカラーをプラスするだけで一気に春ものに大変身！ ベルトなどの小物でうまくパステルを追加してみてね♡

> 春色のスカーフをベルト代わりにするのも、おしゃれ上級者な感じがするよね♪

Winter 冬 3月 コーデ

4 デニムの色が明るくなればあっという間に春コーデに！

季節を問わず使えるデニムだけど、春っぽさを意識したいときはライトブルーなどの明るい色を選んでみて♪ 冬のアイテムと合わせても、明るいデニムなら重い印象を与えないよ！

5 迷ったときは小物だけでOK！

コーデに春色をプラスできなければ、小物だけでも明るい色にシフトしよう！ くつやバッグ、アクセがはなやかになるだけでも、十分春感はアップするよ♡

まあまあ★自分のやるべきことは人まかせにしないでね！

大人かわいい卒服コーデを大・公・開♡

卒業式といえば、JS生活最後のビッグイベント！
自分らしい卒服に身をつつみ、明るい気分で式を迎えよう♪

自分らしいコーデを考えてみよう！

JS最後の一日はとびきりおしゃれして登校したいもの♡ 定番のジャケットスタイルはもちろん、ワンピでせいそに決めるのもいいし、クールなパンツスタイルも◎！お気に入りの一着をGETしよう♪

TALK ROOM♡

うた
今度、ありさとしずくといっしょに卒服を選びに行くの♪ どんなスタイルにしようかな〜。

ソウマ
女のコって大変だな〜(笑)。みんなの卒服、楽しみにしてるね！

ここに注意！

卒業式は、小学校での勉強を全て修了したことを祝うとても大切な式だよ。おうちの人や、お客さんもたくさん見に来ていることを忘れないでね。ハデなアイテムはひかえて、上品にコーディネートしよう！

3月のプチ情報
3月は英語でMarch（マーチ）。ローマ神話の「マルス」という神様が語源なんだって！

王道のジャケットスタイル

はおるだけで大人っぽくなれちゃうジャケット。
制服風にまとめてJCスタイルを先取りしちゃおう☆

Winter 冬 3月

卒服コーデ♪

優等生ちっくなスタイルを甘かわにシフト♡

フレッシュなイエローで卒服をはなやかに☆

POINT
グレー×ピンクでとびきりガーリーに♡
あえての白ソでイイコちゃんっぽく！

POINT
きちんと感を残しつつ、イエローカラーで遊びゴコロをプラス☆

いい日☆ていねいな字でノートをとると、成績がアップしそうだよ♪

せいそガーリーなワンピース

一着で確実に決まるワンピースを主役にしたスタイル。
お嬢さまっぽいよそおいで、ヒロインの座はいただき！

上品なリボンがめちゃくちゃ大人っぽい♥

お嬢さまちっくなブルーでおすましコーデの完成！

POINT
Aラインのネイビーワンピに白タイツをプラス。シンプルだけど存在感は◎。

POINT
水色×カーデってだけで好感度ばつぐん！丸いえりもレディらしさ満点だよ♪

大人っぽいパンツコーデ

おしゃれでレディに仕上がるパンツコーデがNEW！
卒業式でもカッコよくいたいコにうってつけ♪

Winter 冬 3月

卒服コーデ♪

チェックのショーパンでマニッシュにキメッ！

おしゃれ小物をアクセントにグッドガールまっしぐら♥

超ラッキー★ 運気は絶好調♪ ニガテなこともヨユーでクリアできそう★

COOL STYLE

POINT
トラッドなパンツが白シャツにグッドマッチ♪ パールアクセで甘さもプラス！

POINT
きちんと感はキープしつつ、小物で遊んでみる作戦☆ 首もとはリボンをチョイス。

COOL STYLE

卒業式におすすめ 優等生ヘアアレ はこれで決まり！

ハデすぎないのに存在感はばつぐん☆
フォーマルな場にもおすすめな上品ヘアアレを紹介するよ！

みつあみカチューシャ

ガーリーヘアアレの定番スタイル。とってもカンタンなのに、好感度バッチリな優秀アレンジで、卒業式もカンペキ！

テッパンアレンジでせいそにおすまし♡

つくり方

1 どちらかの耳より前の髪をみつあみにするよ！ ひとあみごとに左右にキュッと引っぱると、みつあみがキツくしまってキレイに仕上がるの♪

2 できあがったみつあみを、頭の上を通して反対側に持っていこう。耳のあたりでピンでとめて固定してね！

【3月のプチ情報】
306　3月の誕生石はアクアマリン。石言葉は「勇かん」だよ。人との間をとりもつパワーがあるんだって♪

あみこみサイドポニー

ただのサイドポニーじゃもの足りない！ そんなときは
あみこみをプラスして、きちんと感を盛りこもう♪

あみこみのきちんと感とポニーの
元気さがグッドバランス★

> つくり方

①
どちらかの耳の上の髪を
ひと束とり、あみこみをし
ていくよ。頭上を通って反
対側に向かってあんでね！

②
反対側の耳あたりまであ
みこみをしたら、ピンでと
めて固定して。あみこみ
がくずれないように注意！

③
残りの髪をすべてまとめ
て、サイドで結ぶよ。軽く
逆毛を立ててふんわりさせ
るとかわいいよ♡

Winter
冬
3月

ヘアアレ♪

まあまあ ★ 委員会の仕事で、まわりにホメられちゃうかも ★

ギブソンタック

カンタンなのに大人っぽさナンバーワン♡　こなれたヘアアレで、
ひと足先にJCの仲間入りをしちゃおう♪

上品なカチューシャとも相性ばつぐん♥

つくり方

1

髪を後ろでひとつ結びに。低めの位置が大人っぽいよ。きつく結びすぎず、少しゆるめにするとGOOD☆

2

結び目の上にすき間をつくり、くるりんぱのやり方で毛先を通すよ。結び目を少しきつくしながら調整してね！

3

残りの毛先をまとめて、結び目のあたりにしまいこむ。上からピンをさして固定したら完成だよ♪

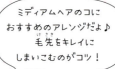

「ミディアムヘアのコにおすすめのアレンジだよ♪　毛先をキレイにしまいこむのがコツ！」

3月の誕生花はチューリップ。「思いやり」などの花言葉がある、春の花の代表だよ♥

ツイストツインテール

くるくるねじるだけであっという間に完成！ ツインテールにひと工夫で、卒服に負けないはなやかなスタイルに☆

ねじるだけではい、完成！
ポップなアレンジでお目立ち★

髪を2つに分けたら、そのうちの1束をさらに2つに分けて矢印の方向にねじっていくよ。

ねじった毛束2本を後ろに向かってツイストしていくよ。毛先までねじったら、ゴムでしばってね！

結び目を押さえながら毛を少しずつ引き出すとルーズな仕上がりに♪ 卒業式ならきっちりめでもOK！

Winter 冬 3月

ヘアアレ♪

いい日★ 手紙がラッキーアイテム。友だちに書いてみよう！

見ていて楽しい めちゃかわ文集 のテクをマスター！

卒業間際の一大イベント、クラス文集のアイデアを大紹介！
ユニークなテクを使って思い出の一冊を完成させてね♪

テク1 クラスのなんでもランキングをつくる

なるべくクラスのみんながランクインするように工夫すると盛り上がるよ！　ただし、だれかをからかうような内容にならないよう注意してね♪

たとえば…
・芸能人になりそうな人
・億万長者になりそうな人
・ノーベル賞をとりそうな人
・いざというときにたよれる人
・動物と話せそうな人
　　　　　　　　　　etc.

6年2組 センスがいい人ランキング
1 ことは　ちゃん
2 かいと　くん
3 なぎさ　ちゃん

センスがいいのはやっぱりしずくかな〜…。
うたはクラスのアイドル部門1位だね！

3月のプチ情報
3月3日は上巳（じょうし）の節句。桃の節句や、ひな祭りとして親しまれているよ！

テク2 クラスの思い出をすごろくにしちゃう！

一年間のできごとをすごろく風にまとめてみよう！ 見開きを使って大きくつくれば、実際にすごろくとして遊ぶこともできるのでおすすめ♪ 卒業までのできごとを思い返すステキな機会になるよ！

冬 3月 文集テク

> こんなすごろくがあったら盛り上がりそうだね！オレたちのクラスもつくってみる？

いい日★好きな人と話ができそう！ スポーツの話題が◎♪

テク3 クラスメイトや先生のプロフをのせる

クラスのみんなに協力してもらって、プロフィールをのせちゃおう！ 将来の夢や、小学校生活で楽しかったこと、みんなへのひと言がテッパンのネタ♪ もちろん、担任の先生のプロフも忘れないでね！

④ みんなの写真でいっぱいに！

みんなの写真をのせるのも定番！ 卒業アルバムにはマジメな写真が使われることが多いから、手づくりの文集にはあえておもしろい写真をチョイスしよう！ どんな写真なのかを一言そえておくとGOOD♪

あー！ これ修学旅行のときの写真だ♪
いつの間に撮られてたんだろ～！

POINT

文集を彩るワンポイントデコ

イラスト

ライン

文字デコ

3月のプチ情報　3月14日はホワイトデー。バレンタインのお返しとして、お菓子をおくる習慣があるの♪

JS必見！作文に使えるテクニック

これから卒業作文を書くというJSは必見！ 卒業文集用の作文のテクニックを紹介するよ♪ 個性が光るユニークな作文で、クラスのみんなに差をつけちゃおう！

作文の流れ

★ はじめに
★ とくに印象的な思い出を書く
★ これからの抱負を書く
★ 先生や友だちへの感謝の言葉
★ まとめ

> 作文ってちょっとニガテなんだよな…。でも、小学校生活最後だし、ソウマに聞いてちゃんと書くか

冬 3月 文集テク7

ふつう★ 友だち関係に悩んだら、キレイな景色を見てみよう！

そのほかにも…

将来の自分に向けて書いてみる

大人になった自分に向けて、未来への手紙風に書いてみるのもおすすめ。今の自分が思っていることや、学校生活で楽しかったことなどを書いておけば、将来文集を読み返したときになつかしい気持ちになりそう♪

学校生活の思い出を箇条書きにしてみる

楽しかったことが多すぎて、ひとつにしぼりきれないときは、思い切って全部書いちゃうのもアリ！ 思い出をズラ〜ッと箇条書きにしちゃえば、ひとつ残らず書いておけるし、インパクトもバッチリだよ！

先パイたちを笑顔で見送るアイデア集

先パイたちにこれまでの感謝を伝える、6年生を送る会。
イベントを最高に盛り上げる楽しいネタを紹介するよ♪

先パイに聞いた
6年生を送る会でうれしかったコト

歌&ダンス

送る会のテッパンともいえる歌やダンス。練習は必要だけど、そのぶん先パイたちにも喜んでもらえるみたいだよ！

> 定番だけど
> やっぱりうれしい！

> 一生けん命練習して
> くれたのが伝わって
> うれしかったよ☆

> 流行りの歌や
> ダンスだと、めちゃくちゃ
> テンションが上がる〜！

3月のプチ情報
毎年3月20日〜21日ごろ、春分の日があるよ。自然や生きものを大切にする祝日なんだって。

劇

準備や練習が大変だけど、やりがいがあるのが演劇！
クラスや学年のみんなとの団結力も深まりそう♪

童話を現代風にアレンジした劇が、めちゃくちゃおもしろかった！

学校で実際に起きたできごとを劇にしてくれたよ♪

劇の途中で先生が乱入してきて、すっごく笑った！

Winter 冬 3月 お別れ会

いい日★集中力アップの一日。宿題があっという間に終わるよ♪

お笑いネタ

お笑い芸人のネタを披露する学校も多いみたい！ 人気の芸人さんのネタをマネすれば、大爆笑まちがいなしだね♪

後ハイが芸人さんのネタを完コピしてて、感動した！

流行りのネタに合わせて、卒業生へのメッセージを発表してくれたよ♪

6年生を送る会では、お笑いコーナーがいちばん盛り上がった！

クイズ大会

学校や先パイたちにまつわるクイズを出題するのもおすすめ。全問正解した人には賞品を用意しても盛り上がるよ!

先生の意外なしゅみが問題として出されておもしろかった!

わたしたちの学年のことを、よく調べてクイズにしてくれてうれしかった!

体育館を半分に区切って、移動式の○×クイズをやったよ♪

先生の余興

普段マジメな先生たちがおもしろいことをするのも、6年生を送る会のだいごみ♪ 先生にも協力をお願いしよう!

担任の先生が一発芸をしてくれたよ☆

超マジメな先生がモノマネをしてくれたの。みんな爆笑だった!

先生たちがふざけているのがおもしろすぎて、涙が出るくらい笑った!

3月のプチ情報
水をはった洗面器にバラの花びらを浮かべて、そっとかきまわしてから顔を洗ってみて。ステキな人に告白されちゃうかも♥

スライドショー

おもしろい出しものがすんだタイミングで、スライドショーを流してみよう。感動的なBGMも忘れずにね♪

やっぱり、今までの思い出の写真が流れると感動する…！

6年間いろいろなことがあったなぁって、しみじみしたよ。

映画みたいな本格的なムービーですごかった！

Winter 冬 3月 お別れ会

ブルー★　金運が下がっているよ。ムダづかいに注意してね！

メッセージ

最後はやっぱり、感謝の気持ちを言葉で伝えるのがうれしいみたい♪　在校生みんなで卒業生にメッセージを届けよう！

在校生のみんなが一斉におめでとうを言ってくれてうれしかった♪

みんなからのメッセージで、中学でもがんばろうと思えたよ☆

先生たちからのビデオレターで泣いちゃった！

❤ 表紙・まんが	柚木ウタノ
❤ イラスト	あぎりんぱ、紺ほしろ、坂巻あきむ、シトラ、星乃屑ありす、火照ちげ、よこやまひろこ、yori
❤ デザイン	Flamingo Studio, Inc.（金井 充、伏見 藍）
❤ 撮影	原田真理
❤ レシピ監修	メリリル（宮本 葵）
❤ 撮影協力	Z＆K（ラッピング用品）[site] http://www.z-k.co.jp/ 株式会社マインドウェイブ（文具）[site] http://www.mindwave.co.jp/
❤ DTP	明昌堂
❤ 校正	曽根 歩、木串かつこ
❤ 編集協力	株式会社スリーシーズン

監修
C❤Sラボ
ティーンのファッションやスクールライフについて、独自に調査・研究しているチーム。かつてJSだった経験を活かして多くの女性が参加している。

C❤SCHOOL
365DAYS かわいさアップ＆ハッピーイベントBOOK

編　著	朝日新聞出版
発行者	片桐圭子
発行所	朝日新聞出版
	〒104-8011　東京都中央区築地5-3-2（お問い合わせ）infojitsuyo@asahi.com
印刷所	大日本印刷株式会社

©2018 Asahi Shimbun Publications Inc.
Published in Japan by Asahi Shimbun Publications inc.
ISBN 978-4-02-333245-4

定価はカバーに表示してあります。
落丁・乱丁の場合は弊社業務部（電話03-5540-7800）へご連絡ください。
送料弊社負担にてお取り替えいたします。